変態する世界

Ulrich Beck
The Metamorphosis of the World

変態する世界

ウルリッヒ・ベック

枝廣淳子　中小路佳代子　訳

岩波書店

THE METAMORPHOSIS OF THE WORLD
by Ulrich Beck

First published 2016 by Polity Press, Cambridge, UK.
This Japanese edition published 2017
by Iwanami Shoten, Publishers, Tokyo
by arrangement with Polity Press Ltd., Cambridge,
through The English Agency (Japan) Ltd., Tokyo.

まえがき

未完の本の物語

二〇一五年一月一日は、青い空に陽ざしがあふれ、雪が光を受けてきらきらと輝く、すばらしい冬の日でした。それは、魔法にかかった、絵本の一ページのような風景でした。楽しい気分で、ウルリッヒと私は近所にある、ミュンヘンの有名なエングリッシャー・ガルテンに散歩に出かけました。その数週間前の一二月初め、ウルリッヒは本書の未編集の仮原稿をポリティ・プレス社に送っていて、ほんの二〜三日前の一二月末に、最初のフィードバックを受け取ったところでした。ウルリッヒは当初、いくつかのコメントにやや苛立っていたようでしたが、そのとき、私たちが散歩しながら話をしているうちに、それらは確かに重要な問題に踏み込んでいると理解するようになっていました。すぐにウルリッヒはブレーンストーミングの流れに入り、私もそれに加わりました。私たちは、重要な問題を明確にし、改善するのに役立つと思われる部分を新たに追加することを話したのでした。

しかしそのとき、私たちのブレーンストーミングの真っ最中に、終わりがやってきたのです。

突然の心臓麻痺でした。

ウルリッヒは亡くなりました。

数日後、私は、あの美しい元日に私たちが話していたことの要点を記録しようとしました。しかし、できる限りの努力をしたものの、その任務を完遂することはできませんでした。思い出せなかったのです。思い出せたのは、断片的な部分だけでした。核心となるものはどこかへ行ってしまっていました。

二〇一五年二月、ロンドン・スクール・オブ・エコノミクス（ＬＳＥ）がウルリッヒの特別追悼を行いました。ウルリッヒの栄誉をたたえた行事で、アンソニー・ギデンズが、「未完の本」として本書のことを語りました。その後の数カ月で、私はギデンズの言葉の真相を知りました。この日が、その仮原稿を本にするという任務の始まりの日であり、その任務が私を前へ前へと進ませ続けることになりました。しかしその日は、同時に多くの人が登場し、気候変動研究所における欧州研究会議（ＥＲＣ）の先進研究助成プロジェクトであるウルリッヒの「方法論的なコスモポリタニズム」と密接に関連していた長い物語の最終章となりました。

アンダース・ブロック（コペンハーゲン）とサバイン・セルショウ（ロンドン）はいちばん初めから、初稿についての議論に参加してくれました。ブロックもセルショウも、彼らなりのやり方で多くの時間とエネルギーと専門知識をこの仕事に捧げてくれました。二人の尽力のおかげで、原稿は深みと理論的土台を得ただけでなく、正確さと実証的な詳細さも増したのでした。さらに、多くの人々――同じＥＲＣのチームのメンバーや学者としてさまざまな経歴をもつ仲間たちで、ミュンヘンに拠点を置いている人もいれば、遠く離れた地域や大陸に住む人もいます――が有益な示唆を提示してくれたり、新たな考えを吹き込んだりしてくれました。このコスモポリタン的協力のネットワークに加わってくれたのは次の人たちです。マーティン・オルブロウ（ロンドン）、クリストフ・ラウ（ミュンヘン）、ダニエル・リーヴィ（ニューヨーク）、茅知非(香港)、スヴェトラ・マリノヴァ(ソフィア)、ゲイブ・ミーテン(リヴァプール)、シャリニ・ランデリア(ウィーン)、マリア・S・レリッヒ(ミュンヘン、サウス・カロライナ州ブラックストック)、ネイサン・スナイダー(テル・アヴィヴ)、ジョン・トンプソン(ケンブリッジ)、デヴィッド・タイフィールド(ランカスター、中国の広州)、イングリッド・ヴォルクマー(メルボルン)、ヨハネス・ウィルムス(ミュンヘン)。そして、二〇年にわたるウルリッヒとの仕事によって鍛錬されたアルムート・クライネ(ミュンヘン)は、ウルリッヒの手書きのメモや修正をしっかりと読み取っていき、何回も手を入れられる原稿をその都度タイプしてくれました。そして、ポリティ・プレス社のキャロライン・リッチモンドは、すばらしい手腕を発揮して原稿を整理し、残っていた問題をすべて取り除いてくれました。

しかしその前に、未完の本を完成させるという仕事がありました。それは本当に大変な仕事で、三人が力を合わせる必要があったのです。

幸いにも、ウルリッヒと私は何十年にもわたる親しい仲間であり同僚でもあったので、変態というテーマは私たちの日常的な議論の一部でした。本当にそれが私たちの日常生活だったのです。私はウルリッヒがそれと格闘し、ついにはそれと折り合いをつける様子を見てきていました。さらに、四冊の著書と数多くの論文を二人で共同執筆した経験を生かすこともできました。しかし、本書の最終版――印刷するばかりの完成版――を生み出すとなると、謎めいた意味の比喩から不明の情報源に基づいた主張に至るまで、一連の未解決の問題が各章にあることが明らかになってきました。そのようなとき――それは何度もありました――には、親しい同僚であり誠実な友人でもあるジョン・トンプソンが助けに入ってくれ、膨大な時間とエネルギー、社会学の知識、出版経験を注ぎ込んでくれました。私が休みたくなったときや、本書から離れたくなったとき、または私自身の著書を完成させる機会が欲しくなったときには、いつもジョンが私を引き戻し、歩みを止めないよう促したり、自ら先に進んだりしてくれました。ジョンは何度となく、不完全な文章やぷっつりと終わっていたパラグラフ、ドイツ語っぽさが強く残っていた(英語で書かれた)原稿の意味をとり、修正するのを手伝ってくれました。

しかし、ERCチームの科学コーディネーターで、ウルリッヒの著作のすみずみにいたるまで知り尽くした著名な専門家であるアルベルト・グレーバーがいなければ、ジョンも私もついには途方にくれてしまったことでしょう。ウルリッヒが亡くなった直後の困難な時期に、アルベルトは、難題だらけのこのプロジェクトの舵取りにおいて主要な役割を果たしてくれただけでなく、同時に、本書の完成に積極的に貢献してくれました。器用に参考文献を追い、遠いところにあった引用を発見し、該当の著者と出版物を一覧にまとめ上げてくれました。

こうしてこの未完の原稿が次第に形になり、ついには本となったのです。ジョンとアルベルトに深い恩を感じています。この二人に心から感謝します。

全体として、少なくとも大部分においては、私たちの仕事がうまくいったことを願っています。そしてその結果として、ウルリッヒが本書『変態する世界』への旅を始めたときに思い描いたビジョンを読み取れるものになっていることを願います。

エリーザベト・ベック゠ゲルンスハイム

二〇一五年九月

序　文

世界の蝶番が外れてしまっている。多くの人々が考えるように、このことは、この言葉(unhinged)の持つ二つの意味で正しい。つまり、世界は〝継ぎ目が外れ〟ており、〝狂ってしまった〟のだ。私たちはあてどなくさまよい、混乱し、「これには賛成、あれには反対」と議論している。しかしながら、あらゆる対立を超えて、また国や地域を問わず、大方の人が合意できる意見が一つある。それは、「私はもはやこの世界を理解できない」というものだ。

本書の目的は、「なぜ私たちは、もはや世界を理解できないのか」を理解し、説明を試みることだ。そのために、「変化・変動(change)」と「変態(metamorphosis)」を区別することにする。より正確には、「社会における変化」と「世界の変態」の区別だ。「社会における変化」「社会変動」は、社会学における主要な概念を定型化する。誰もがその意味するところを知っている。「変動」は、近代に特有の未来像、つまり、恒久的な変容に焦点を当てるものだが、一方でそれらを支える基本的な概念や確実性は変わらずそのままである。これに対して、「変態」は、近代社会のこういった確実性を不安定にする。変態は、焦点を「世界の中にあること」と「世界を見ること」へ、意図せざる出来事やプロセスへと移す。そういった出来事やプロセスは、たいがいは気づかれないまま進行し、技術や経済が急速に近代化する副次的効果として、政治や民主主義の領域を超えて広がっている。それらは根源的な衝撃を、つまり、私たちのこれまでの存在や世界観に関する人類学的な〝普遍的なもの〟を破壊する大転換をもたらす。この意味での「変態」とは、「昨日には考えられなかったことが、今日には現実的で起こり得るものになっている」ということにすぎない。この数十年間、私たちは繰り返し、こうした規模の変態に直面してきた。ベルリンの壁の崩壊から、九・一一のテロ攻撃、世界中で起こっている破局的な気候変動、フクシマの原子炉災害、金融危機・ユーロ危機から、エドワード・スノーデンによって白日の下にさらされたデジタル通信時代における全体主義的監視によって自由が脅かされる事態まで、一連の（くだけた言い方でいえば）〝とんでもない出来事〟において、である。私たちが直面するのはいつも同じパターンだ。つまり、その前には「まったく考えられない」と除外されていたことが起こっているのである――マス・メディアが伝えるため、世界中のどこの居間でも大方観ることのできる地球規模の出来事として。

目次

第三部　展望

第一部　導入、証拠、理論

第一章　なぜ世界の変態であって、変容ではないのか？

本書は、大きな当惑から私自身を救おうとする試みである。そしてそれがほかの人々も救えるかもしれない。私は長年にわたって社会学を教えてきたし、現代社会の変容を研究してきたにもかかわらず、「テレビを見ている私たちの目の前で展開しているこの世界的な出来事はいったい何を意味しているのだろうか」という、単純だが肝要な質問に対して、答えに窮しており、「破産宣告」せざるを得なかった。ドイツの哲学者ヘーゲルが求めたような、概念的な言葉でこの世界の混乱を言い表せるものはなかった。そんな概念もなければ理論もなかったのだ。

この混乱は、社会科学で用いられる「変化」という考え――「変動」、「進展」、「革命」、「変容」――の観点から概念化することはできない。なぜなら、私たちが住んでいる世界は単に変化しているのではなく、変態しているからだ。「変化」というのは、「変わるものもあるがそのほかのものは同じままだ」という意味を含んでいる――資本主義は変化するが、資本主義の一部の側面はこれまでどおりである。「変態」は、現代社会の昔ながらの確実性がなくなって、新しい何かが出現してきているという、もっと急進的な変容を意味する。この世界の変態を理解するためには、この新たな始まりを探求する、つまり、古いものから出現しつつあるものに焦点を当て、現在の混乱の中で未来の構造と規範を理解しようと努める必要がある。

気候変動を取り上げてみよう。気候変動をめぐる論争の多くは、気候変動が本当に起こっているのか、そしてそうであるなら私たちはそれを止めたり抑えたりするために何ができるのか、という点に焦点を当てていた。だが、このように解決策に重点が置かれることによって、私たちには、気候変動は変態の動作主であるという事実が見えなくなる。気候変動はすでに、世界における私たちのあり方——世界における暮らし方、世界についての考え方、社会的行為や政治を通じた世界への影響の及ぼし方——を変えたのだ。海面上昇は、不平等の新たな景観を生み出しつつある。従来の国家間に引かれた境界線ではなく、海抜何メートルかを示す線が重要になる新たな世界地図を描き出しつつあるのだ。それによって、世界を概念化する方法も、その中で私たちが生き残る可能性も、これまでとはまったく異なるものになるのだ。

変態の理論は、世界リスク社会の理論を超える。それは、グッズ(正の財)のマイナス面の副次的効果の話ではなく、バッズ(負の財)のプラス面の副次的効果の話だ。この副次的効果は、共通のグッズについての規範的な視野を生み出し、私たちを、国家の枠組みを超えたコスモポリタン的な見地に向かって進ませる。

だが、「変態」という言葉は依然としてきわめて慎重に扱われなければならず、カギ括弧つきで書かれるべきものである。「異質なもの」のあらゆる特徴を備えていることに変わりはない。確かに、当面の間は、この言葉はおそらく出稼ぎ労働者的な地位に甘んじなければならないだろうし、それが私たちの共通認識の一部となるかどうかはまだ定かではない。いずれにしても、私は本書で、国や言語についての社会的共通認識に、「変態」という移り変わりの概念を採り入れることを提案する。これはとりもなおさず、「実際のところ、私たちはどんな世界に生きているのか」という緊急の疑問に対するもっともらしい答えを提示しようとする試みである。私の答えは「世界の変態の中で生きている」だ。だがこれは読者側に、自分たちの世界観をあえて変態させるのも厭わない意思を求める答えだ。

そして言うまでもなく、本書の書名にはもう一つ、非常に深い言葉「世界」があり、これは「人類」という言葉と密接に関連している。これはどういうことなのか？

世界の破綻についての話は、「世界」という概念に着目する。あらゆる制度が破綻しつつある。世界的な気候のリスクに立ち向かうことにおいて、十分な決断力のある人もいなければ、十分に決定的なものもない。そして、この世界をより良い世界のための評価基準にしているのはまさに、このような破綻へのこだわりなのだ。

このようにして、「世界」という概念は親しみ深いものとなった。最も日常的なことを描写するのに不可欠なものになったのである。その超然とした孤高さやヒマラヤのような壮大さを失い、裏口からそっと忍び込んで、私たちの日常のきわめて個人的な会話の中にどっかと腰をおろした。近頃は、高齢者の介護スタッフと同様、パイナップルも世界各地からやってくる(そして、このことは誰もが知っている)。そのパイナップルがどこの国の産物かとたずねると、「空輸されたパイナップル」だという耳よりな情報を受け取る。それと同じように、「空輸された母親」もいる。この国では他人の子どもを、そして「遠距離愛」の法則に従って自分の家では自分の子どもを世話したり養ったりすることを望む(またはそうしなければならない)人たちだ。ざっと考えただけでも、「世界」と「自分自身の生活」という概念はもはや縁遠いものではない。これらの概念は、今もこれからも、「共存」の中で結びついている。この終生つづく全世界的な結合を正式に証明するものは(科学的な証明書も、国家の証明書も)ないので、「共存」して、ということになる。

これだけ述べても、あの質問はまだ残る。なぜ世界の**変態**であって、「社会変動」や「変容」ではないのか？

中国のケースを例に取ると、変容とは、中国が文化大革命や同国の経済改革以降に経験してきたことであり、閉ざされた国から開かれた国へ、国レベルからグローバルなレベルへ、貧しい国から富める国へ、孤立した国から関わり合う国へと進化してきた道がまさにそれだ。世界の変態というのは、閉ざされた国から開かれた国への進化の道とは違う、それを超える何かであり、世界観が画期的に変化し、国の世界観が再形成されることである。だが、それは、戦争や暴力、帝国の侵略によって引き起こされる世界観の変化ではなく、デジタル化などの近代化が成功したことの副次的効果によって、または人類に対する気候の大惨事が予想されることによって引き起こされる世界観の変化だ。制度化されたナショナル／インターナショナルという**世界観**(Weltbild)、つまり現在の人類が世界をどのように理解しているかは、以前ほど重要でなくなった。「世界観」とは、すべての**コスモス**(宇宙や自然界の秩序)に対してそれに対応する**ノモス**(社会習慣や規範のような人為的な秩序)があり、世界とは——その過去と未来とは——いったいどういうものかに関する規範的な確実性と経験的な確実性とが結びついて示されていることを意味する。これらの「恒星」、つまり固定された確実性はもはや固定されてはいない。「コペルニクス的転回2・0」と理解し得る形で変態しているのだ。

ガリレオは、太陽が地球の周りを回っているのではなく、地球が太陽の周りを回っているのだという事実を発見した。今日、私たちは、同じではないがやや似た状況にある。気候のリスクは私たちに、国が世界の中心ではないことを教えてくれる。世界が国の周りを回っているのではなく、国々が「世界」と「人類」という新たな恒星の周りを回っているのだ。インターネットはこの一つの例である。第一に、インターネットはコミュニケーションの単位としての世界を生み出した。そして第二に、インターネットは、文字通りすべての人を互いにつなぎ合う可能性を提供することによって、「人類」というものを生み出した。国境やその他の境界が再交渉され、消された後に新たに作られる——つまり、「変態する」——のは、この空間においてである。

したがって、「方法論的なナショナリズム」は、太陽が世界の周りを回っているという教えであり、言い換えれば、世界が国の周りを回っているという考えである。それに対して、「方法論的なコスモポリタニズム」は、地球が太陽の周りを回っているという教えであり、さらには、国が「リスクにさらされた世界」の周りを回っているという考えである。ナショナルな見地からすると、国が機軸、つまり恒星であり、世界が国の周りを回っている。コスモポリタン的な見地からすると、この国家中心の世界観は歴史的に見て間違っていると思える。世界の変態とは、世界の「形而上学」が変わりつつあるということなのだ。*

この世界観が「歴史的に見て間違っている」のはなぜかを理解するためには、自然科学の意味でのコペルニクス的転回と、社会科学的な意味でのコペルニクス的転回2・0とを区別する必要がある。太陽が地球の周りを回っていると主張する世界観は、いつの世でも間違いであった。宗教的な教義に従い、それを守っている人たちがこの真実を否定してきたというだけのことだ。コペルニクス的転回2・0は、世界の秩序が実際に大きく変動する中で、現実に——つまり、毎日の活動において——展開している。だがこれは、国家や国民国家が解体され、なくなるということではなく、国家が「変態する」ということを意味する。国家は、リスクにさらされたデジタル世界――そこでは境界線は流動的で柔軟になっている――で、自分たちの場所を見つける必要があるのだ。「世界」と「人類」という新たな恒星の周りを回るよう自分自身を作り上げ(直し)ていく必要がある。

宗教的な世界の秩序が崩壊した後、近代の国際的な世界の秩序、主権国家、工業化、資本、階級、国家、民主主義が定着し、展開されてきたのと同じように、世界の気候のリスクには、危機に瀕する世界にとっての一種のナビゲーション・システムが組み込まれている(第三章を参照)。気候のリスクはその道筋を示す。だが、それは成功への道筋というわけではない。人類は、その果てに自滅が待っている道を選ぶ可能性もある。この可能性が存在するのは、特に、この道がはっきりと見えてくると、ナショナルな世界観の「永遠の確実性」が近視眼的でかつ誤っていることが明らかになり、ある時代の信念としての自明性を失うからだ。

変態の歴史は、イデオロギーの対立(宗教戦争)の歴史である。過去には局所的にそれがあり、今は世界全体に存在している。私たちは、激しく残忍な争い、血みどろの征服、汚い戦争、テロと反テロなど、世界をめぐる競合するイメージの間の闘争を目の当たりにしている。野蛮な異教徒に対するキリスト教徒というのはその例の一つだ。カール大帝は、神聖な信仰のためには人を殺し、非キリスト教徒とその文化を抹殺することは許されるという揺るぎない自信の下に、キリスト教の帝国を築いた。教皇と協力して、暴力をもって神の掟に従わせた。このキリスト教的な世界観は、征服と伝道の一体性に基づいており、剣と十字架との間の同盟の上に成り立っていた。キリスト教の洗礼は、服従の行為として暴力をもって実現された。この宗教的な世界観が教えたのは、平和というのは、キリスト教世界の統一の内側における平和としてのみ可能であるということだった。

ガリレオの発見の歴史学上の類似物として、世界はもはや、とるに足りない王子の地位や、カトリック教徒とカルヴァン派教徒の対立、植民地支配者と野蛮人との対立、超人と凡人との対立の周りを回ってはいない。人種中心の世界観は（ナチスの人種的な狂信的行為への反応としてドイツや欧州には特に）もう存在しない。（世界中どこでもというわけではないにしても）家長を重んじる世界観も、平等宣言しながらも女性や奴隷、「野蛮人」を排除する世界観もない。米国の建国の祖たちやその憲法を取り上げてみよう。彼らは、アフリカ系アメリカ人に人権が与えられていないことに気づきもしなかった。地球上で最も自然なことだと考えていたのである。

では改めて、「色あせた」とは何を意味するのだろうか。こういった世界観の多くが、いや、ほぼすべてが今も、同時に、そして隣り合わせに存在している。「色あせた」には二つの意味がある。一つは、これらの世界観が確かなものでなくなり支配的でなくなった、ということで、もう一つは、誰もグローバルなものを避けて通れない、ということだ。これは、この後の章で見ていくように、グローバルなもの——つまりコスモポリタン化している現実——は単に「向こうのほうに」あるだけではなく、一人ひとりのかけがえのない生きた現実を構成している。

このことを理解するためには、「**ドグマ**（Glaubenssätze）」と「**行為の空間**（Handlungsräume）」とを区別する必要がある。世界観に関する限りでの社会的活動の実存的なパラメーターとなる**ドグマ**は特殊または少数派指向のもの——たとえば、反コスモポリタン、反欧州、宗教上の原理主義者、少数民族、人種差別論者——であるかもしれないが、一方、**行為の空間**は必ずコスモポリタン的な形で構成されている。反欧州派は実のところ、欧州の議会の中にもいる(そうでなかったら、それはどうでもよい問題だ)。反近代主義の宗教上の原理主義者たちは、非人道的なテロ体制で世界に衝撃を与えるため、デジタル・チャンネルやデジタルのメディア・プラットフォーム上で西洋人の人質の処刑を祝う。もしも将来、左利きで赤毛の人が政治的に優れていると宣伝する集団が現れたならば、その人たちは、自分たちの考えを、局所的にだけではなく、世界全体に表明し、実践するだろう。

移動をしない人たちでさえもコスモポリタン化する。飛行機に乗ったことがない人たちはおろか、自分の村から出たことがない人たちも世界と密接に当たり前のようにつながっている。何らかの形で世界的なリスクによる影響を受ける。そしてその人たちが世界とつながっているのは、とりわけ世界中で携帯電話が日常生活に不可欠なものになったからだ。だがここでの変態は、単に誰もがつながり合う(可能性がある)ということではなく、この「世界」に足を踏み入れるということは、完全に異なる論理に従う何かに踏み込むということを意味する。彼らが行き着く世界は、彼らが考えたり予想したりする世界とは根本的に異なるものだ。つまり、その人たちが携帯電話のユーザーとして、多国籍企業の(データ)資源へ、そして気づかれないうちにコントロールできる顧客へと変態する世界なのである。これが変態の重要な特徴である。

課税を回避してお金を貯めたいにしても、または不妊症だが子どもが欲しいと望んだとしても、自分の目標を達成するためには、お国事情の違うそれぞれの国々の多様性に富む経済的・法的領域の間に存在する経済や法律の違いを理解し、それを利用する必要がある。頑なに国内にしか目を向けない——つまり、建設工事で、賃金の高いドイツ人労働者を好み、賃金の安い外国人労働者は厳しく却下する——住宅開発業者は倒産することになるだろう。言い換えれば、国の規範を自分の行為の規範とする人たちは、コスモポリタン化された世界では敗者なのである。

当然ながら、誰にでも、飛行機に乗らない選択やメールを送らない選択をする自由はある。だがこのような決定をするということは、成功につながる行為の空間を自ら排除するということだ。人生における根本的な目標の追求に成功するために国境を越えて行動する歴史的必然性から世界の秩序は生まれる。言い換えれば、コスモポリタン化された行為の規範は世界全体で生まれる。ある人間がどう思おうと、何を信じていようと――国家主義的な宗教上の原理主義者であろうとフェミニスト、家長主義、(反)欧州主義、(反)コスモポリタン、またはその全部であろうと――国内的または局地的に行動する人は取り残されるのだ。頭の中で過去のどの時代に逃避したとしても、石器時代であれ、一九世紀前半のビーダーマイヤー時代であれ、ムハンマドの時代、イタリア啓蒙時代、または一九世紀のナショナリズムの時代であれ、自分たちの行為を成功させようとするならば、世界への橋――「他者」の世界への橋――を築かなければならない。二一世紀の初めには、行為の空間がコスモポリタン化されている。つまり、行為の枠組みはもはや国内のものでも統合されたものでもなく、世界全体に広がっており、法律や政治、市民権、サービスなどにおける各国の規定はさまざまだ。

コスモポリタン化された世界では、国政選挙のやり方さえコスモポリタン式だ。選挙で勝ちたい政党は、ドイツ在住のトルコ人や米国以外に住んでいる米国人など、海外の市民の選挙権を確保する必要がある。「コスモポリタン的な犯罪」に国内のみで対処する国家は、犯罪行為のコスモポリタン化に根本的に後手にまわる。犯罪者や「各国で合法的に」行動する企業のコスモポリタン化された行為の空間に目を向け、それを理解して初めて、適切な対処や対応が可能になるのだ。

これが、コスモポリタン的理想主義の終わりであり、成功する行為のコスモポリタン的現実主義の始まりだ。成功を収めたいならば、この世界を開拓しなければならないのだ！

国や民族的背景、宗教が自分の形而上学的確実性を構成している人たちにとっては、世界は破綻する。そういった人たちは絶望から、国家や宗教の原理主義に走る。その結果、何百もの社会学の研究が、人々が何を**考えて**いるのかを問い、再びナショナリズムに向かう方向性への揺り戻しのストーリーを私たちに語る。人々が何を考えているかについては確かにそうかもしれないが、その人たちの行為についてはどうだろうか。これらの研究は方向性にだけ焦点を当てており、したがって、きわめて重要な点を欠いている。それは、人々が何を考え、何を信じていようと、コスモポリタン化された世界という**変態のパラドックス**——自分たちの国や宗教の原理主義を守るためには、コスモポリタン的に行動する必要があり、実のところ、コスモポリタン的に**考えて計画する**必要がある——から逃れることはできないということだ。したがって、そもそもは抗うつもりだった世界の変態を強化することになる。

もしも貧しい人々が国境を越えて行動しないと——つまり、移住という意味で「世界的に移動可能」にならないと——より貧しくなる危険がある。彼らはバングラデシュや北アフリカのスラムや米国の貧民街にとどまるので、ますます貧しくなる。富める人々は、より多くの利益を上げられるところにお金を投資したり課税を逃れたりできるので、ますます裕福になる。社会科学でも、この論理は真実である。方法論的なナショナリズムを実践する人たちは敗北するだろう。国内的な文脈の中からだけ、そしてその文脈についてのみ研究する社会学者は自分の出世を妨げることになり、国内の社会学者という現在の位置にとどまりつづけることになるだろう。

成功したいのであれば、コスモポリタン化された行為の空間における行為主体としての自分を見つける必要がある(これは必要条件だが十分条件ではない)。たとえば、子どもが欲しいという欲求を例にとってみよう。ぴったりな卵子提供者、代理母、または精子提供者を見つけるために、インターネット上で検索する必要がある。お手伝いさんや大学の学位、求人について調べる場合も同じだ。どんなことも、行為を成功させるようにインターネット上で検索する必要がある。**局所的**な行為を成功させるのは、**コスモポリタン的な枠組み**なのだ。パイナップルや、プロサッカーのクラブ「バイエルン・ミュンヘン」を考えてみただけでもわかるだろう!

そこで、ドグマと行為の空間との区別がきわめて重要になる。二一世紀の初め、世界は基本的な意味で分裂している。人々が何を信じているか、何に対して希望をもっているか、または疑問をもっているかにかかわらず、成功したいと思うなら、コスモポリタン的に行動しなければならない。経済や宗教で成功したいのだとしても、国やコミュニティ、家族の中でうまくやりたいのであっても、仕事やサッカークラブ、恋愛を成功させたいのであってもだ。そして最後になったが、テロの場合でも同じことだ。コスモポリタン化は身体にも必要である。地元産のものだけを食べていたら飢えることになる。実際、気候変動の時代には、地元の空気だけを吸っていたい人たちは窒息してしまうだろう。

一　概念の説明――コスモポリタン化された行為の空間

「コスモポリタン化された行為の空間」という概念の体系的性質は何かと問うと、それを構成している側面がたくさん浮かび上がってくる。こうした性質を探求する際に不可欠なのは、「コスモポリタン化された行為の空間」という概念は「世界の変態」という概念と関連し合っていることを心に留めておくことだ。

①**行為とコスモポリタン化された行為の空間**とを区別することが有用である。前者は、行為主体のもつ内省と地位と認識が結びついたものであり、後者は、たとえそれが行為主体によって認識され使われなくても存在するものである。わかりやすく言うと、「コスモポリタン化される」という言葉は、「コスモポリタン化」という理論から生まれていて、規範としての「コスモポリタニズム(世界主義)」のことを指す「コスモポリタン」と混同されるべきではない。行為主体(政府、企業、宗教、市民運動、個人など)の認識を超えて、コスモポリタン化された行為の空間についての分析がなされ、それは国の枠組みの中では制度化されないものと理解される必要がある。コスモポリタン化された行為の空間は、統合も制限もされ**ない**し、排他的でも**ない**。それは、国ごとの司法制度の違いや根本的な不平等、文化の違いなど、国という枠組みを超え、国境を越えた行動資源を含む。

このような国境を越えたタブーのない行為のつながりは、必ずしも価値観でも感情的なつながりでもなく、「相互の無知」に基づいていることが多い(代理母、肝臓のドナー、肝移植を受ける人)。これらの行為の空間を活用するためには、それに対応するパスポートが必要なわけでもないし、それに対応する言語を話さなければならないわけでも、それに対応するアイデンティティが必要なわけでもない。違いが重要なのだ！　文化的伝統の違い、富める者と貧しい者との違い、法制度の違い、地理的な違いがこの新しいコスモポリタン化された**機会**を生む構造を成している。

また、**行為**と**実践**の違いを区別する必要もある。実践というのは慣習化しているが、行為は再帰的で、国境を越える違いに橋をかけ、それを活用する。行為は「試行錯誤」という歴史的なプロセスの結果である。社会の上層や中層だけでなく下層においても**コスモポリタン的な環境**を生み出す。不法移民が「**国境の芸術家**（Artisten der Grenze）」になるのだ。

だからと言って、ある状況の下で、コスモポリタン化された行為の空間が、慣例化した「実践の場」（Bourdieu 1977, 1984）に変わる可能性がないわけではない――つまり、国境が引き直され、新たな規範のシステムが生み出され、実施される。だが、要は、コスモポリタン化された行為の空間は、再生産の論理ではなく、社会・政治的秩序の変態の論理に従う行為を提供する開かれた機会なのである。

②コスモポリタン化された行為の空間の性質を理解するためには、**多くの空間から成る空間**という考え方を理解する必要がある。多くの空間から成る空間は、予期せぬ機会をもたらし、それによって、法や価値観、国の機関の変態しつつある秩序や文化的相対論を目に見えるようにし、使えるようにする。（国家の枠組みにおける）障害物が（コスモポリタン的枠組みにおける）機会に変態するのだ。なぜなら、あなたの国の法律が禁じていることを外国の法律は許しているからであり、世界の他の地域に住む人たちが非常に貧しくて臓器を売らねばならない一方で、あなたは裕福でその臓器を買えるからでもあり、また、フェイスブックなどのインターネット通信によって友人や戦士を動員することができるからで、そういった理由から、あなたの政治的な目的や人生におけるあなたの希望や目標は、種々さまざまな形で構成されてい

るコスモポリタン化された行為の空間で実現されるかもしれない。価値や禁止の相対性という経験は疑問へと変わる。米国とイスラエルにおいて一般に行われていることは、こちらでは罪になんてなり得ない。では、なぜそれが禁じられているのか？　私たちの法律はほかの国の法律よりも賢明なのだろうか？　主張や反論の賛成と反対は、あらゆる考え方を疑わしくし、それぞれの主張によって別の主張が弱まることになる。多くの人々が、「誰も真実を思いのままにはできない」という印象をもっている。それは次に、「あらゆる反対意見に十分な根拠があるように思えるとしたら、許容できる禁止というものがどうしてあり得るのだろうか?」という疑問を提起する。こういった意見の不一致の影響は、法律の正当性を揺るがし、それによって人々が、ここで禁止されているものをほかの場所で手に入れることよって、法律を犯す「自分たちの」権利を正当化することだ。コスモポリタン化された行為の空間で私たちが目にするものは、価値相対性から、禁止されていることの合法化への変態である。

この意味で、「多くの空間から成る空間」という考え方はブルデューの「多くの場から成る場」とは根本的に異なる。「多くの場から成る場」は国民国家という統合の中に存在するからだ。多くの空間から成る空間には、排他的な国内の実践の場も含まれる。「コスモポリタン化された行為の空間」という私の概念とは対照的に、ブルデューの有名な「実践の場」という概念は、日常の生活や実践において社会的・文化的支配のより広範な構造がどのように実践され、再生産され、変容するかについて意味を成す（方法論的なナショナリズム）。

③「コスモポリタン化された行為」を理解するためには、「創造的な行為」(Joas 1996) の概念を持ち込むのが有用である。「創造的な行為」とは、今存在している思考と行為の国境を受け入れない能力のこと

だ。それどころか、目標を達成するためには、既存の国境を「機会」に変えるのを厭わない必要があり、そうできる必要がある。コスモポリタン化された行為の創造とは、行為の合理性が変態することを意味する。世界の内部化こそが、成功する行為の条件になったという「単純な」事実があるため、「合理性」という概念は変態する。

④「コスモポリタン化された行為の空間」の重要な特徴は、特定の思考法やドグマ、宗教的信仰、イデオロギーと同じではない、ということだ。むしろ、それは戦略的に使われる。実のところ、成功したいと思うならば――つまり、目標を達成したいと願うならば――「コスモポリタン化された行為の空間」を戦略的に使う必要があるのだ。国政選挙がよい例だ。規範的なコスモポリタン的**ドグマ**に従うことは、成功につながる行為ではないかもしれないが、どうやっても「コスモポリタン化された行為の空間」において、そしてそれを通じて、戦略的に**行為する**ことを回避することはできない。これを行うにはさまざまな方法があり、そのうち最も重要なのは、国家的外観からは見えないコスモポリタン化された資源を戦略的に手段として利用するというものだ。

⑤歴史上初めて、誰にでも開かれた行為の空間がある。実際、これからは、コスモポリタン化された行為の空間(またはコスモポリタン化された行為の資源)を利用**しない**ことは、**積極的な**決定である。コスモポリタン化された行為の空間は、経済・政治・軍事的に力のある行為主体だけがそれを利用できるという意味の排他性はない。個々の行為主体も、その人の社会的位置や経済手段によっては、コスモポリタン化された資源を利用できる。また、「上昇」の機会でもあるといえる。「底辺」で暮らしている人々は、強制移住によってコスモポリタン化された資源を利用することもできる。強制移住のおかげで、たとえその結

果が落胆と絶望の入り混じったものになるにしても、より良い暮らしへと上昇するためのハシゴを使えるからだ。つまり、この状況は、二〇世紀末までの人類の歴史でそうだったような、コスモポリタン化された行為の空間が存在しない状況とは、根本的に異なっているのだ。

今日、私たちは皆、多かれ少なかれグローバル・プレーヤーだ。自発的にそうしているのではないかもしれないし、意図的にそうしているのでもないかもしれないが、コスモポリタン化された行為の空間は、コスモポリタン化された世界で宗教上や倫理上の制限を受けたり国内だけに制限されたりする行為と比べて、成功する可能性が高くなる。私たちは地球の引力とは何かを知っている。本書は「世界の引力」(Weltanziehungskraft)という新たな歴史的法則について明らかにし、解明し、それについてじっくりと考えていく。

二　概念の説明——変態という概念

世界の変態は、支配的な文化的ペシミズムが変態しつつある形に特によく表れている。最近では、多くの人が、破局を説く人たちを最後の現実主義者と見ている。そのような人々は、この状況の確固たる評価に関しては、破局論者の悲観論が最適な論拠を提供すると考えている。

この惑星がとてつもなく大きく震動して、私たちがうるさい虫たちのようにここから飛び去ることになるのは、時間の問題にすぎない。私たちがすでに経験している穏やかな震えは、世界が崩壊する地震の前兆にすぎず、その崩壊は——信頼できる破局論者たちを信じるならば——もう避けられないものとなっている。こういった状況では、世界を救う方法としてホメオパシーのような療法を提供する小さな集団が競うようにいたるところで形成されていることは、ほとんど驚くに値しない。どうかすべてを少しだけ小さく、より信頼できて、より対処しやすく、より公平で、より簡素で、より賢く、より人間らしく、と説く。善意の人々は皆、心からそれに賛同する——ただ、お願いだから、今すぐではなく、ここではないところで……ドイツではなく、欧州でなく、私が今いるところではないあちらのほうで、と。世界の救済はいつも、その人がいるところではない、どこかほかの場所で始まることになっている(Krüger 2009)。

私たちは皆、青虫が蝶へと変態することを知っている。だが青虫は知っているのだろうか? それこそが、私たちが破滅論者に問いかけるべき質問だ。彼らは青虫と同様で、自分たちが青虫として存在しているという世界観の殻に包まれていて、目の前に迫っている自分たちの変態には気づいていない。彼らは、崩壊することと、違う何かになることとの区別をつけられない。滅びつつあるのは世界ではなく、世界についての自分たちのイメージであるのに、彼らには世界と自分たちの価値観の崩壊に見える。

破局論者が信じているように世界は滅びつつあるわけではない。そして楽観的な進歩論者が持ち出すように、世界の救済が今にも起ころうとしているわけでもない。というよりも、前述の状況により、暗黙のうちに、常に一定で不変だと思われている視野の基準と行為の座標軸が変容していることで、世界は驚くべき――だが、無理からぬ――変態を遂げているところなのである。

悲観主義を否定するからといって楽観主義というわけではない。本書は、楽観主義者になるか悲観主義者になるかについての本ではなく、その社会学的・政治的・文化的な起源や状態を突きとめることで、さまざまな暗黒郷的な悲観論を紐解いていくことについての本である。世界が変態していることで、昨日はまったく考えられなかったことが今日は可能なことになり現実となっているため、私たちはすっかり混乱している。だが、この変態を有意義なかたちで理解できるようになるためには、社会政治学的な現実の分解を模索するだけでなく、新たな始まりや出現しつつあるもの、将来の構造や規範にも焦点を当てる必要がある。

前述したように、コペルニクス的転回2・0とは、国家を世界がその周りを回っている恒星だと思い、そう断言する規範が、「世界」と「人類」を国家群がその周りを回る恒星だと考える規範によって取って代わられつつある、ということだ。私たちの世界観のこのような変態は、どのように、そしてどんな形で、どんな段階を経て起こっているのだろうか？　哲学の教科書に載せるというような、トップダウン式の「イデオロギーとしてのコスモポリタン」計画として起こっているのではない。むしろ、世界の変態の動作主は、繰り返し起こる失敗の物語である。ひらたく言うと、世界の貧困は拡大しているし、地球の汚染も進んでいる。読み書きのできない人も世界全体では増えている一方で、世界の経済成長は不十分な点が多く、世界人口は不気味に増えており、世界の飢餓救済は不十分で、グローバル市場は――なんといってもグローバル市場が――私たちを皆、破滅へと追い込んでいる。この絶えず繰り返される人々の嘆きこそが、世界観の変更を生み、叩き込む。統計データはこの点においてそれ自体が重要なだけでなく、それがスキャンダルとして、とんでもない政治的・道徳的な破綻として伝えられるという点においても重要だ。このように、「世界」と「人類」という概念は、究極の評価基準として、新たな恒星として、もっともらしいものになり、合理性の体系として生み出されたり再生産されたりする。制度化された行為の失敗をめぐる、毎日のように仰天させられるテレビ映像を通じて、古い社会的・政治的秩序が変態しつつあり、新しい秩序——今では文字通りに「世界」秩序——の生産と再生産に向けて第一歩が踏み出されつつある。矛盾しているが、世界の失敗についての不満と非難が世界の意識を呼び覚ましているのだ。

これが世界観の変態という形而上学に関する経験的社会学のテーマであり、私がここでほのめかすことだけできるものである。

私たちが皆知っているように、理論的概念はしばしば誤解を招き、それが双書がつくれるほどの論争の材料を提供する。それは、ここで示される「世界の変態」の概念にも、間違いなく当てはまるだろう。そのような起こり得る誤解を未然に防ぐために、ここでその概念をより詳細に定義すべきだろう。

規範的か政治的か説明的か

社会学者が「変化」(または「社会変動」)について語るとき、これは**政治的な**変化として——つまり、社会主義、新自由主義、ファシズム、フェミニズム、植民地化、脱植民地化、欧米化などの理念の下で起こる、社会の計画された変化として——理解される場合が多い。このように特定の目的を抱いて意識的に意図され、社会において計画された変化は、厳密には、世界の変態という概念で意味されるものではない。世界の変態は、起こるものである。計画ではない。「世界の変態」は説明的な表現であって、規範的な表現ではない。

すべてか、新たに起こっていることか

以下において私が世界の変態というこの概念を紹介しようと努めているとしても、私が、今日の社会――経済、政治、仕事の世界、教育制度、家族など――で起こるすべてのことを変態と考えているというわけではない。それはまったく私の意図するところではない。そのような大域的な主張は誇張であり、偽りだろう。だが同様に、従来の理論上の想定で通例となっているように、初めから変態を考慮せず、起こり得ることと考えすらしないのは、やはり間違いだろう。

私の見解としては、すべてが世界の変態であるとは決して言えない。それどころか反対に、私たちはここで、世界、社会変動、社会的・政治的秩序の再生産と、それに対抗する動きとの同時存在や絡み合いを目にしている。私の関心は、全体としての現在ではなく、私たちの現在の現実において新たに起こっていることである。

これこそが、私の手法と、社会科学の現在の理論と研究手法との重大な違いだ。後者は、もっぱら社会的・政治的秩序の再生産という枠組みの中での社会変動だけに焦点を当てている。彼らの手法そのものが、世界の変態の可能性を除外しているのだ。それに対して、私は、「変態、変化、再生産とそれに対抗する動きとの関係を私たちが探ることができるのは、世界の変態という背景においてのみである」というところから出発している。こういった要因の相対的な重みづけは、経験的に吟味されなければならないものだ。

つまり、私は、世界の変態という概念を紹介することによって、社会や政治における歴史的な変化の既

存の類型を、まったく違った類型と置き換えようというつもりはない。私の目的は、その類型を、これまで気づかれずに通り過ぎてきた新しいもので**補足**することなのである。

決定論ではない——楽観主義か悲観主義かはともかく

それでもやはり、世界の変態を、より良いものへの変化と同等に考えるのは的外れだろう。世界の変態は、ある変容が良い方向への変化なのか悪い方向への変化なのかについては何も触れていない。概念として、歴史の流れについて楽観主義なのか悲観主義なのかも表明していない。西洋の衰退について述べているわけでもないし、万事うまくいくとも示唆してはいない。すべてをオープンなままにして、私たちに政治的意思決定の重要性を指し示す。大惨事につながる世界リスク社会の可能性を浮き彫りにするが、「解放的な天変地異説」の余地につながる可能性も明らかにする。

世界の均一な変態か、多様な変態か

私は、世界の変態は今の時代の特性だと主張することによって、その変態が世界のあらゆる地域で同じ形で起こることを前提としていると言いたいわけではない。再び気候変動を例にとると、よく知られていることだが、氷河が溶けると、ホッキョクグマたちの生命が脅かされることになり得る一方で、人間にとっては農業や石油探索の新たな機会が生み出される可能性もある。同じ地域であってもグループが異なれば、気候変動がもたらすものは異なるものになるかもしれないし、まったく逆の結果になるかもしれない。そして、異なる地域のいっそう大きな影響力についても同じことが言えるかもしれない。気候変動は、ある地域では干ばつを引き起こすだろうが、別の地域では新たなブドウ園を生み出すかもしれない。この理由から、世界の変態の社会的地形に焦点を当てることが不可欠だ。これによって、地方、地域、国、世界の状況の相互作用を考慮に入れた、複雑かつ多層な変態モデルが生まれ、社会の不平等と社会的権力関係の結果としての特定の構造が生まれる。

つまり、変態は社会変動ではなく、変容でも、進化でも、革命でもないし、危機でもない。それは、人間の存在の性質を変える変化の様式である。副次的効果の時代を意味し、世界における私たちのあり方、世界についての私たちの考え方、私たちの想像の仕方や政治の行い方に疑問を呈する。そして、「方法論的なナショナリズム」から「方法論的なコスモポリタニズム」への(Thomas Kuhn 1962 が考えたような)科学革命を必要とする。

世界の変態と世界リスク社会

私がここで紹介している「世界の変態」の概念は、私たちがある特定の形態の変態だけを思い描けることを意味するのではない。それどころか、変化や革命、進化にさまざまな理論があるのと同じように、世界の変態にもさまざまな理論があり得るし、そうなるだろう。

本書では、世界の変態についてある特定の理論を展開していきたいと思う。つまり、世界リスク社会、コスモポリタン化、個人化——言い換えれば、再帰的近代化や第二の近代性——という理論との関係から生じる理論を展開していく。

診断と記述

だが、どうすれば私たちは、この世界の変態という概念と世界リスク社会の理論との関係の妥当性を操作できるようになり、実証的に検証することができるのだろうか？　世界の変態は、「変化」、あるいは別の点でだが、「革命」や「進化」のように、「標準」であるとは想定されない。統計的な意味でも標準ではない。未知の領域だ。そのため、私は以下において、世界の変態について、相互に関連した、中範囲の記述的な概念をいくつか確立する。「コスモポリタン化された行為の空間」、「リスク階級」、「定義する権力の条件」、「解放的な天変地異説」、「コスモポリタン的リスク・コミュニティ」などがそれだ。この意味で、本書は、気候変動研究所の欧州研究会議（ＥＲＣ）研究プロジェクト「方法論的なコスモポリタニズム」で経験的に詳しく調べられるべき思考実験である。

＊変態(metamorphosis)について。この言葉の語源は、ギリシャ語を起源とするラテン語「meta(change) morphe(form)」で、形の移り変わりがカギである(英語では一五三〇年に書かれた呪術や魔術に関する文章に最初に登場する)。最も近い類義語は、transfiguration(変形)であり、reconfiguration(再構成)ではない。したがって、「変態」の概念は、「異なるものへの大きな変化」と定義することができ、異なる種類、異なる現実、異なる様式の世界でのあり方、世界の見方、政治の行い方へと完全に変わることを意味する。

第二章　神になる

世界の変態には、世界観の変態も含まれ、それには二つの側面がある、と私は考える。枠組みの変態と、慣行と行為の変態だ。本章ではこの考えをさらに発展させていく。世界観には常に人間についてのイメージが含まれる。生殖医療を例にとって、一方では人間の命の変態をたどり、もう一方では人間のイメージ、つまり何千年にもわたって正当だった母たるもの、父たるもの、親たるもののイメージの変態をたどることを私は提案する。これはつまり、医療技術によって示される新たな選択肢に伴って、特に人間についての古いイメージが今も人々の考えを支配しているところでも、新たなコスモポリタン的な枠組みと行為の空間が出現しつつあるということだ。簡潔に言うと、かつては私的な、「神聖」とも言えるほどだった行為が、グローバルなコスモポリタン化された領域の活動へと変態したのである。

一　なぜ社会変動ではなく、なぜ親たるものの変態なのか？

今日までの人類の歴史を通して、二つのものは揺るぎのないものだと思われてきた。その一つ、人間の生殖を制御するのは(信頼度が非常に低い避妊の慣行や妊娠中絶の可能性を除いて)不可能だった。もう一つ、子どもの世話と責任は(破られることが多かったとはいえ)道徳律だった。

戦争であれ平和であれ、主人であれ使用人であれ、近代前期であれ後期であれ、中央であれ周縁であれ、自然の法則によってあらかじめ決められた壊れることのない関係が、人類の歴史のあらゆる段階、状況、集団を貫いて存在する。それは人間の生命の始まりを示す母子の生物学的な結びつきだ。

この結びつきは、多くの発現形態をとることができ、最も多様なイデオロギーや世界観に翻案されうる。一八～一九世紀の欧州では、哲学、宗教、教育において、母親は神話上の人物に形を変え、母性愛という祭壇に置かれた。二〇世紀、ナチス・ドイツでは、母性は世界征服のための手段として利用され、母親名誉十字章が与えられた。それから二〇～三〇年経って、高等教育が広がり、女性の雇用が増えて力強い女性運動が高まるうちに、母性は文化的な闘いの中で大きな部分を占めるようになった。一方では、育児放棄する「子どもの世話をしない母親」、もう一方では過剰に世話を焼く「都会の主婦」が生まれた。

現在では、働く母親、シングル・マザー、専業主婦など、新たな育児のスタイルをいくつも見つけられる。だが、フェミニスト研究においてさえも、母と子が同じ場所に暮らしている状況を前提としていることが多い。現実には、国境を越えた母親業が現れつつある。子どもたちを家に残して遠く離れた外国に移り住み、お金を稼いで子どもたちにより良い暮らしをさせようというものだ(Hondagneu-Sotelo and Avila 1997)。

こういった近年の傾向の一部は、「劇的」だと考えられ、そう伝えられてきた。しかしながら、これらはすべて社会変動の部類に入る。それらは、社会的に決められた性別や、男女間の仕事の区別、女性の地位における大きな変化ではあるが、人間の生命の起源には触れていないし、それを妨げたり、それに干渉したりはしていない。それに対して、母親というものや父親というものに関連する世界の変態は、医療技術による受胎の柔軟性に端を発する。人間の生命の創始は、人間の介入や創造的な意思にさらされているが、その結果として、世界中に散らばった非常に多様な行為主体や関係者たちの遊び場にもなっているのだ(Beck-Gernsheim 2015)。

ここで起こりつつあることを、自然な生殖のプロセスに戻るために乗り越えなければならない出生前のヒト化の「危機」、または、科学の「失敗」であると理解することはできない。ここでは、医学と遺伝学、生物学の協力を得て、そしてこの協力が導く成功の力も借りて、体外受精に重要な役割を果たしてもらいながら、後戻りできない形で可変性の閾値と利害介入の閾値が越えられつつある。この場合の体外受精とは、試験管内での受精のことで、略してＩＶＦという。これは一九七八年に英国で初めて行われ、あっという間に医学的なセンセーションを巻き起こした。人類史上初めて、子宮外で受精した子どもが生まれたのである。

二　神になりたくないのに神になる

ここでの変態とは何を意味するのだろうか？　副次的効果の議論が手がかりとなる。当初の目的は、女性の不妊という問題に対処することだった。より正確に言うなら、「女性の」というよりも「妻の」である(なぜなら、もともと子どもを産みたいという独身女性の願望については誰も考えていなかったからだ)。従来の家族像が特徴づけるこの補完的課題を遂行できるようにするためには、妊娠と不妊という分野における機能的プロセスについてより正確に理解する必要がある。しかし、知見が深まれば深まるほど、今度は、その副次的効果として、人間の生命の生成にますます広範な介入を行う可能性を高めることになる。

つまり、生殖医療の先駆者たちは、私たちの人間のイメージを変えようとしていたわけではなかった。イデオロギーや政策に突き動かされていたわけでも、革命を起こそうとしていたわけでもない。それどころか、彼らの目的は、今にして思えば、ごく普通のものだった。閉塞した卵管を迂回する医療技術を用いることで、熱烈に子どもを望んでいる必死の夫婦を助けることだったのだ。生物学的には草分け的な偉業だったことが、当初はその社会的状況において、伝統的な家族像を再生するのに役立った。夫婦の心の奥に抱かれた「自然な」願望を実現するのに、医療的な介入を用いるほど自然なことがほかにあるだろうか？　この医療の先駆者たちは、決して神のように振る舞いたかったわけでも、万物の霊長の役目を果たしたかったわけでも、「新しい人間」を創り出したかったわけでもない。ただ夫婦の子どもを持ちたいという必死の望みをかなえてあげたかっただけなのだ。

だが、この出発点がどれだけ普通のものだったとしても、考えと行為の食い違いはすでに明らかである。先駆者たちの目的は古い世界観と伝統的な家族の概念という枠組みのなかに固定されていたが、実用レベルでは、人間の生命のいっそう広範囲な製造可能性に向けて、広く門戸が開け放たれたのだ。これが、人間と世界のイメージ——もっと正確に言うと、受精や妊娠、親たるものに関する行為の枠組み——の変態に向けた第一段階である。

第二段階は、この技術的な視野が暗示するものだ。母親という人の運命として以前は自然に決められていた、受精、妊娠、誕生の一貫性が断ち切られ、こういった下位プロセスが空間や時間において、また社会レベルで分離するようになる。このことによって、人間の命の出現における新たな選択肢や形態、関係性が生まれる。それは、既存の言語には適切に言い表せる言葉や概念がまだないようなものだ。その理由は明らかで、世界の言語はどれも、親というものの規定の一貫性という古い視野に根ざしているからだ。引用符を用いることが急増していることが、これまでに存在したことがないもの、つまり以前には想像もできなかったことをこのように言葉でとらえようとしてもなすすべがないことを立証している。

生殖の行為は今や、男女が物理的に出会い、実際に顔を合わせて、または身体を合わせて起こるものではない。もはや二人の人間が同じ場所に同時にいる必要もなく、世界のどこかの実験室に場所を移して、無作為に選んだ人の子宮を借りて、いつでも好きなときに行えるものになっている。もっと重要なことには、実際のところ、生物学上の「父親」と生物学上の「母親」は同時に生きている必要もなければ、または生きていた必要さえもない。今では、死んだ人ですら子どもを授かり産むことが可能だからだ。

これによって、(生殖医療を行う医師の意思と自己認識とは関係なく)歴史上初めての、これまでに知られていなかった親の選択肢が生まれ、それによってこれまでに知られていなかった社会的種類の親が生まれる。子どもを「発注」して「買う」「社会的母親」、子どもを「作る」ための生物「材料」を売る「精子提供者」や「卵子提供者」、子どもを身ごもる「代理母」、父親なしの母親、母親なしの父親、閉経後に「妊娠した」女性、「ゲイの父親」、「レズビアンの母親」、配偶者を(ずっと前に)なくした母親や父親、息子や娘の死後に受精した孫をもつ祖父母、そのほかにも同様の親がもっと生まれる。

こういった決まった言い方はどれも不適切で、誤解を招く恐れがあり、論議の的となり、挑発的であるし、一部の人にとっては不愉快でさえある。それらは、医療技術によって人間の生命を製造できる可能性に促されてタブーが侵されていることを示している。確かに存在する理解可能な新しい親子関係の現実を、よく知られた概念に頼って表現する方法は、すでに動き始めている変態のプロセスを断ち切り、標準化させる。

副次的効果(変態)のもう一つの波が起こっているのは、前述の技術革新と、西洋社会における生活様式や家族形態の急速な変容とが同時に起こっているためだ。その結果、生殖医療の潜在的な依頼主が、数年という期間内にとてつもなく増加した。かつてはタブーで差別の対象であり、罪に問われることさえあった生命と生活様式の形態が、社会の標準となり、法的に認められるにつれ、現在、未婚のカップルや独身者、ゲイやレズビアン、閉経後の女性などの新しいグループの人たちも、子どもを持ちたいという願望を声に出しつつある(Beck-Gernsheim 2015: 98-9)。平等という基本的権利がこういったグループにも適用される以上、そして同時に、子どもを持ちたいという願望を満たすために医療技術によって提供される選択肢の幅が急速に広がっている以上、基本的には、こういった生活様式のグループにもそれに相当する選択肢を与えない理由はもはやない——その結果、ダムが決壊しつつある。

だが現実には、技術的には実現可能なことの利用を厳しく制限する二次的な障壁が二つ、大きく立ちはだかっている。一つは、対応する処置の形態が精巧な技術を要するものなので非常に高額なことである。もう一つは、それを用いるための医療技術の選択と可能性に対する認識と評価が、人間についてのさまざまな宗教的・文化的世界観と概念を背景に、非常にさまざまであり、対立することさえ多いことだ(Beck-Gernsheim 2014; Inhorn 2003; Waldman 2006)。したがって、実際には、異なる国々を比較することによって、自由競争主義(米国、イスラエル)から全面的な規制(ドイツ)まで、法的規制や宗教的規範が多岐にわたることが明らかになる。

三　出生前のコスモポリタン化

コスモポリタン化した世界は、コストが高いという問題に対処する特別な可能性を提供する。医療技術は受精、妊娠、誕生を離床させ、客観化し、専門化したので、今ではこれらを、経済的合理性の原則とグローバル市場のルールに従って流通させ、再編することができる。それらは、コストの最小化と利益の最大化という原則に従って支配される「アウトソーシング資本主義」という活動分野になっている。国家間の不平等と国際分業というルールに従い、大陸をまたいだ流通が行われているのだ。豊かな国で九カ月間の妊娠を代理で請け負う人を雇うのは高額になるが、貧しい女性という層が広く存在する国々でははるかに安い。このようにして、グローバル経済の新たな業界の土台が作られつつある。「子どもという商品」に特化した、やや楽観的に「不妊治療ツアー」と呼ばれるものが始まっていて、それによって結果的に、出生前のコスモポリタン化によるパッチワーク家族という社会的な形態が増えつつある。

その力学に資本主義の本質がある。特に、「実の」母親が、出生前の母親の工業生産へと変態することへの既存の障害を克服し、それによってその生産をグローバル市場の取引へと開く能力の部分だ。この種の「出生前のコスモポリタン化」は、「出生前の蓄積」――つまり、不妊治療専門医と不妊治療院が「実の父」(「精子提供者」)と「産みの母」(「代理母」)から受精の生物資源を取り上げること――から始まる。富める者と貧しい者との世界的な不平等がコストを最小化し、利益を最大化するため、母親の神聖さと、こういった生物資源をグローバル市場で取引することに対する国内規制は崩壊しつつある。したがって、「出生前の資本主義」によって、社会生活の重心——母親——が、伝統的かつ神聖な生物学的な一貫性から、「目に見えないコスモポリタン化」へと移され、「遠くにいる」実の父と母という地域・社会形態が創り出され、それが子どもたちの運命に組み入れられる。その結果、子どもの出生前の段階が、世界的で法的・政治的・倫理的・宗教的な関心事となり、論争となり、対立となる。

生殖医療の実験室と出生前産業を担う医院で行われていることは、「革命」ではない。政変やエリート層の間での政権交代とは関係ないからだ。過去の発展の法則や基本原則(生物学的な選択、職能分化など)に沿っていないので、「進歩」という概念で理解することもできない。出生前のヒト化の変態をめぐる矛盾は、次のように言い表すことができる。生命の始まりという人類学的基盤が、意図せず、目的もなく、気づかないうちに、政治や民主主義を超えて、生殖医療の成功の副次的効果という形でこっそりと再構成されつつある。

四　沈黙の陰で出現しつつある新たな世界と、人間の生命についての新たな世界観

変態の重要な点、または変態の矛盾点とさえ言えるのは、人間であることについて私たちが想像する不変の概念の表面下で、目に見えないところで意識されないうちに、事実主義という規範的な力とともに、新たな世界と世界観が出現しつつあり、おそらく最終的には、概念もまったくなく、言い表す言葉もまっ

たくない新たな世界秩序さえ出現するということだ。これに対する反抗の高まりは、ここでもあそこでも生じるが、方向を見失い、自己再帰的な沈黙の中に再び消え去る。

このように沈黙の陰で起きている副次的効果の世界的革命として理解される変態が、申し分のない機能性を備えた制度の破綻の連鎖反応を引き起こす（第七章）。（監督権限を主張する限りでの）政治は、まさにその概念そのものからして、国内だけで、国内の対立だけを相手にする状況で単純に運営され得るものであるとしたら、破綻する。再生医療の世界的な副次的効果による革命は国家の規制の試みを逃れるからだ。法律も、法律についてのさまざまな概念も、同じ理由で破綻する。ひいては、道徳や倫理についての私たちの理解も破綻する。一方では、人間の条件に関する出生前の柔軟性によって提示される問題や選択肢に対する評価は、伝統的背景や文化圏が異なると、大きく異なり、極端な場合は正反対である。その一方で、人間の尊厳を守るというような普遍的な価値観は、出生前技術や、親というものの代替的な構成形態を禁止することも、その利用の差し止め命令を出すことも正当化することが、関連する研究からわかっている。世界中に散らばっていることが多い母親と父親が、新しい「家族形態」に（生物学的には）含まれると同時に（社会的には）排除される場合、人間としての尊厳が守られるべきは誰なのだろうか？

これは、変化と変態の違いの世界も反映している。変化は、それを支える既存の秩序と人類学的な確実性の中で起こり、その確実性は、国家の政治や法律の形式の中に、また（人間の尊厳を守るという）普遍的価値観の中に歴史的かつ制度的に埋め込まれ、既定されている。変態はこれらを打ち壊す一方で、同時に、その既存の制度に対して、以前には想像もできなかった新しい実用的な代替手段を用いて行動するよう非常に大きな圧力をかける。この圧力は、前述のように、通常の概念や手段で打ち勝てるものではない。したがって、その結果は、近代性に関する国民国家的な秩序の「改革」だ。ここで言う「改革」とは、〔マルティン・ルターがカトリック教会に対抗して「我はここに立つ。他になしあたわず」という言葉で始めた宗教改革の後に続くものだが、それとは違うもので〕メタ政治、政治の中の政治、つまり、国民国家的な理解とそれに相当する規範や制度を作り変える政治のことである。それは、考え得るあらゆる方向や反対方向への作り変えではなく、国の政治の変容の可能性をコスモポリタン的に刷新・拡大するという目的をもった作り変えだ(第九章)。これは、古い確信や制度化された秩序を、「蝶番の外れた」世界の猛攻撃から守る改革反対派による、あらゆるレベル、あらゆる状況でいっそう強まる抵抗を顕在化させる。

こういった状況のリトマス試験紙となるのが対立である。最もよく知られている対立の事例は、契約の合意に反して出産後に代理母が子どもを手放したがらず、契約当事者の夫婦が子どもの引渡しを求めて訴訟を起こす場合に起こる、代理母とその契約相手の夫婦との間の争いだ。この場合、誰が子どもに対する「権利」をもつのだろうか？　この子は誰の子どもなのか？　誰がこの子の母親または父親とみなされるべきなのだろうか？　このような訴訟で裁判所は忙しく、何年も前からその状態が続いているところもある。「母親たち」が法廷で「自分たちの」子どもや「真の母親」に対する相反する申し立てを主張するとき、判事たちはブレヒトの『コーカサスの白墨の輪』と同じジレンマに陥る。だが彼らは、ブレヒトのこの戯曲に出てくる判事と違い、自分の人生経験の知恵を判決の基盤にすることはできず、その国の法律の条文に従わなければならない。問題は、どの法律、どの条項に従うかということだけだ。

この問題は、判例に基づく慣習法が適用される国で特に議論を巻き起こす。だが、かつて存在しなかったことが突如として現実となった時代に、そのような判例がいったいどこにあるだろうか？　近年の生殖医療が、子どもを持ちたいという長年の願いを多くの男女が実現する助けになることは間違いない。だが同時に、それによって、新しい種類のグループ――「契約した母」対「生物学上の父」、「社会的な父」対「代理母」、「社会的な母」対「生物学上の父」、子ども対「生物学上の父」など――の利害と欲望が衝突する悲劇も増える。

生殖産業は世界全体で展開されている。政治や法律は国内で課題に対応する。だが、国内法は、より規制の緩い国へと流れる男女によって、世界レベルでますますないがしろにされつつある。その結果、関連当局の担当者たちを閉口させる規制の迷路ができあがる。このようにして、ドイツの戸籍登録機関の担当者や、ドイツ大使館の職員たちは、たとえばインドで代理母を雇ったドイツ人の男女や夫婦をますます処分しなければならなくなっているが、彼らが子どもをドイツに連れて帰ることを望んだときには、法制度間の矛盾に陥った。インドの法律の下では、子どもの両親はドイツ人なので、インドのパスポートを有する権利がない。だが、ドイツでは代理母は違法で、ドイツ当局によって認められないため、その子どもはドイツのパスポートも取得できないのだ。そこで、ドイツの戸籍登録をする連邦機関は、数年前にこの法制の改正を求めた。「ドイツ連邦登録協会」は、その決議にある言葉を借りれば、「代理母が、ドイツでは禁じられているが、その数が増えているため、家族法の改正が必要だと考え」ている。

言葉や考え方において世界の変態についていけていないのは、法律家や公務員だけではなく、私たち全員もそうだ。世界の変態は、人間の生命の始まりを突如として操作できる可能性をもった現実になりつつある。私たちは皆、母親というものについての古い確信を保持する言語にとらわれており、新しい多様な選択肢や、親というものの新たな形態が目に入らないし、目に入れないようにしている。母胎はもう「母の胎内」ではない。どちらの母だろうか？　「父祖の地」はもう存在しない。いうならば「父祖たちの国」だ。そしてかつては「父親は常に確定していない（pater semper incertus）」と考えられていたが、現代の遺伝子技術では、法律の常用句は「父親は確定している」だ。だが同時に、「母親は確定している」という原則はもはや当てはまらず、「母親は確定していない」――子どもの母は一人ではないのだ。

同時に、「精子提供者」という巧妙な言葉（ちなみにこれは、精子を売るという商業行為をごまかす婉曲表現である）は、その男性を生殖産業の原材料提供者へと陥れ、責任や倫理観を超えた生物学上の関係をほのめかす。だが、「精子提供者」の子どもたちが自分たちの生まれについて知りたがり始め、未知の「生物学上の父」を探しに行くと、結局、この婉曲表現の擁護不可能なところが明らかになる。

五　展望――親の責任という至上命令が機能しなくなっている

生殖医療の例は、近年、人々が――たとえ、たまたまトルコの人里離れた町やシュヴァーベンの村に住んでいて、これまで生まれた土地を出たことがなかったとしても――自国の環境の文化的・経済的制約を乗り越えれば、いかにコスモポリタン化された行為の領域の中で行動し、人生の基本的な目標や願望をより上手に実現できるかを示している。何が何でも子どもが欲しい人たちは、国や州の境界を越え、世界という空間が与えてくれる可能性を利用しなければならない。ウクライナからインドまで広がる申し入れを比較し、抜け穴を見つけ出し、そして「法律を抜ける」回り道をし、必要ならば自国の法律や自分の信仰する宗教の規律で禁じられている選択肢を選ぶ覚悟をしなければならない。

前述したように、人間や世界についての新たなイメージが、医療技術の急速な発展の産物と副次的効果として明確になってきている。これは、多くの小さな段階の連続であって、ほとんど気づかれない形で起こっているが、目的のある進化という意味で起こっているわけではないし、イデオロギー的に定義され、組織的に計画された革命という意味で起こっているわけでもない。

したがって、世界の変態とは、いつの時代も固定されているように思われていた人間のイメージが崩壊しつつあり、現段階では初期の漠然とした輪郭しか私たちには認識できない新たなイメージが出現しつつある、ということなのだ。生殖医療をめぐる論争は結局のところ常に、事実上、人間についての古いイメージを守ることと、新たなイメージを押し付けることをめぐるものである。

この議論において、肯定論者たちは成果こそが重要だと主張する。子どもの誕生はその手段を正当化するというのだ。一方、批判的な意見が指摘するのは、人間の生命が製造可能になることによって投げかけられる根本的な疑問は、資本家のグローバル市場という無言の力を通じて答えが出されようとしており、そのために、それらの疑問を投げかけて公の場で議論すらできないうちに、いわば声が抑えつけられている、という点だ。

「人間であるとはどういうことか」についての古い概念が、親の責任という至上命令に基づいている一方で、親というものの技術的な区別化、増殖、匿名化によってこの原則が蝕まれつつある。もしも子どもが障害をもって生まれてきたら、もしも夢に描いた待望の子どもが「図らずも」四つ子や五つ子だったら、もしも契約していた夫婦が離婚したり死んだりしたら、その子どもの生活に誰が責任をもつのだろうか？ この場合、何が合法で、その根拠となるのはどの法律なのだろうか？ このように、人間の生命が工業化され、世界中で生み出されていることの中心で、法律の領域が拡大し、論議を呼ぶものになっており、誰の責任の範囲でもなくなっている。

今日、私たちは、（意味深い専門用語で言えば）「余剰胚」を扱う手順に、暫定的な親の責任になりそうなものを見つけることができる。冷凍すべきなのだろうか？　別のカップルに提供すべきなのだろうか？　研究目的に利用できるようにすべきなのだろうか？　利益目的で売る――原則に従って、自分の子宮には「良いもの」を着床させ、「悪いもの」はどこかにあげる――べきなのだろうか？

ここで私たちはすでに技術的な専門用語にとらわれており、受精卵の「品質管理」や受精卵の「備蓄」などについての議論がすでになされているが、そこでは、これに出生前の選択や、必要に応じた未来の生命の抹殺も含まれることは触れられていない。

その結果、**新たな人間のイメージについての矛盾**が明らかになりつつある。つまり、子どもを持ちたいという願望が非常に差し迫った熱烈なものである場合は特に、無関心――実際には組織的な無責任――が技術的な手順の中に入り込み、習慣化する。そして、それが完全に「自然な」ことになり、絶対的な親の責任に取って代わるのだ。

「解放的な大惨事」（第七章）の兆しは見られない。

第三章　気候変動が世界を救うとしたら

今日、気候変動に関する議論の大半は壁にぶつかっている。この問題領域を席巻する天変地異説から逃れられないからだ。つまり、「気候変動は何にとって悪なのか?」と。変態の観点からすれば、気候変動とは人類に対する脅威であるので、先の問いをひっくり返し、次のように問うことが可能であり、そうすべきである。すなわち、「(私たちが生き残るとして)気候変動は何にとって善なのか?」「もしあなたが気候変動は人類すべてならびに自然に対する根本的な脅威であると強く信じているなら、気候変動は私たちの現代の暮らしにコスモポリタン的転回をもたらし、世界はより良い方向に変わるかもしれない」。これこそが変態がもたらす驚くべき推進力で、私の言う「解放的な天変地異説」である(第七章、Beck 2015を参照)。

誤解を避けるために言っておくが、私は、「私たちが楽観主義者に生まれ変わるためには、ビッグバン級の破局が必要だ」と主張しているわけでもなければ、(一部の人がそうしているように)デジタル技術革新によってこの世界のあらゆる害悪から技術的に救済されることを期待して、超楽観主義という真逆の事態を思い描き、それを擁護したいわけでもない。気候変動(または世界的なリスク全般)のコスモポリタン的な変態は、リスク認識と規範的な視野の協働に関わる。この終末論の威力たるや。自殺行為的な近代性

(資本主義)の中に生きている今、政治に関わる根本的な問いの詰まったブラック・ボックスがふたたび開けられようとしている。誰が「コスモス」を代表して発言するのか? 「人類」の代表者とは誰なのか? 国家なのか? 都市なのか? 市民社会の行為主体なのか? 専門家か? ガイア(Latour 2011)か? そして、誰が自分たち自身の種族のために発言するのか?

気候変動という世界的なリスクは、一種の強制力のある集合的記憶である。現在私たちがさらされているものの中に過去の意思決定や過ちが内在しているという意味で、また、制度として最大限に物象化したものでさえ、覆される可能性のある物象化にすぎず、それが自らを危機にさらすことになるとしたら、変更が可能であり、変更されなければならない、借り物の行為様式にすぎないという意味で。気候変動は、継続中の産業化の全期間の過ちが物象化されたものであり、気候のリスクは、全滅の可能性というありったけの破壊的な力をふるい、認知と是正を求めている。それらは抑圧されていたものの集合的復活といったものであり、そこでは、国民国家政治という形で組織された自信満々の産業資本主義が、自らの存在自体に対する具現化された脅威という形で、自らの過ちに直面しているのである。

一　気候変動は私たちに何をするのか?

世界(およびローカル)の政治レベルで気候変動に対処する中で、私たちは関連する課題をめぐる基本的な枠組みが二つあると識別するだろう。第一の枠組みは、規範的で政治的な問いを立てるものだ。「気候変動に対して、私たちは何ができるか?」これは、それが幻滅させるものだと明らかになっても、この問題に対する解決策を探し求めている科学者、政治家、環境活動家たちが投げかける主流の問いだ。対照的に、(変態の知識に基づく)第二の枠組みは、社会学的で分析的な問いを立てる。「気候変動は私たちに対して何をするのか？　そして、社会と政治の秩序をどのように変えるのか？」。この問いを立てることによって、私たちは黙示録や世界の救済といった考えを脱し、世界の変態に焦点を合わせることができる。そうすることで、私たちは一歩引いて、現在の気候をめぐる政治的議論がはまり込んでいる根本的な概念を再考し、気づかれることなく進行中の変態を探ることができる。

実行可能な解決策を探し出さねばならないという圧力の下、第一の問いが第二の問いよりも優位に立ちがちだ。これが、現在私たちの集合的な社会的・政治的な想像力が妨げられているように思われる最たる理由の一つである。しかしながら、この閉塞状況はさらに二つの要因によって悪化している。第一に、気候科学が誇る予測力の純然たる**成功**が今や、逆説的な状況をもたらしている。そこでは、気候変動に関する人々やメディアの議論が「ティッピング・ポイント」(閾値)というギロチンの下で交わされている(Russill and Nyssa 2009)。人類史においてこれまで、懸案の地球規模の非常事態に関してこれほど多くの知識で政治生活が飽和状態になっているということは一度もなかった。しかしながら、「ティッピング・ポイント」という言葉は、人々の理解ある反応に役立っているというよりも、論争を起こすだけで、社会政治的な再考を阻んでいる。

第二に、気候変動への不安から、地球という惑星自体を対象とする大規模な政治の必要性が痛感させられているまさにそのときに、世界中の人々は、既存の国内―国際的な政治の無能ぶりに直面せざるを得ない。二〇〇九年のコペンハーゲンでのＣＯＰ15首脳会合で演じられた政治劇を見ても、この断絶は実に大きい——そして、社会の期待が大きく積み上がった後だったので、結果的な政治的失望は同じく計り知れない。政治の再興の代わりに、**終末論的ビジョン**が今や公的な場を支配しており、「想定される」破局による強烈すぎる外傷性ショックを事前に防ぐための「感情面での予防薬」の役割を果たしている(Grusin 2010; Swyngedouw 2010)。この種の終末論を広めている気候に関する悲観論者は、パウル・クレーの『新しい天使』という絵についてのヴァルター・ベンヤミンの寓話に出てくる有名な「歴史の天使」のように振る舞っている。つまり、気候変動の嵐が圧倒的な力で悲観論者たちを政治的将来へと吹き飛ばすが、彼らはその将来に背中を向けていて、見ることも理解することもできないままなのだ。

本書で私は、「気候に関する悲観主義の主な源泉は、世界的なリスクの時代における社会的・政治的秩序に関する根本的な問いを再考する能力あるいは意欲が全般的に欠如していることにある」という仮説を立てる。そのような能力の欠如に対抗するために、私の主唱するコスモポリタン的な理論化および研究は、「気候変動は根本的に社会を変え、新しい形態の権力や不平等、不安定さをもたらすとともに、国境を越えた新しい形態の協力、確実性、連帯をもたらす」という認識に依拠している。三つの事実がこの解釈を示している。

第一に、海面上昇によって、不平等をめぐるこれまでと違った景観が生み出されつつある——従来の国民国家間や社会階級間の境界ではなく、海や河川からの高度が主な境界線である新しい世界地図が描かれているのだ。これは、世界を、そして世界内での私たちの生存可能性を概念化する、まったく異なる方法である(第四章)。

第二に、気候変動は倫理的・実存的な「違反」という基本的な感覚をもたらし、そこから、新しい規範、法律、市場、技術、国や国家に関する理解、都市の形態、国際協力が生み出される。

第三に、「コスモポリタン的転回2・0」が、世界や国家的な教義の衰退について考える中ではなく、まず、そして主として、日常の実践や行動の現実の中で展開しつつある。「どの国民国家でも一国で気候変動の世界的なリスクに対処することはできない」という洞察は常識となってきた。そこから、国の主権、独立、自治という原則は、人類の生存にとっての障害物であって、「独立宣言」は「相互依存宣言」へと変態されなくてはならないという事実の認識が生じる。そう、「力を合わせるか、死すか」なのだ!

その結果、「方法論的ナショナリズム」(国家を中心に世界を回すという教義)は、「方法論的コスモポリタニズム」(「リスクにさらされた世界」を中心に国家を回すという教義)で置き換える必要がある。

気候変動の問題がどの程度政治や社会科学の最近の観点に適合しているのかを考えれば、「方法論的ナショナリズム」の限界を見てとることができる。私たちは、階級に関わる問題でも紛争や政治に関わる問題でも、ほぼすべての問題を「国際関係内に存在する国民国家組織」という文脈に位置づける。しかし、気候変動という観点から世界を見ると、この枠組みはふさわしくない。世界的な気候リスクが持つ論理には、新たな権力構造が内包されている。リスクを論じる際には、それを意思決定や意思決定者に関連させる必要があり、リスクを生み出す者とその影響を受ける者を根本的に区別しなくてはならない。気候変動の場合、両者はまったく異なる集団である。リスクの影響を受ける者の目から見ると、意思決定をする者は責任を負っておらず、影響を受ける者には意思決定プロセスに参加する現実的な方法は何もないのだ。これは帝国主義的な構造である。つまり、意思決定プロセスとその結果が、まったく異なる集団に帰するのだ。

この構造は、国民国家の観点から踏み出してコスモポリタン的な観点を持って初めて見ることができる。そこでは、研究単位は、国家の視点では除外されていたもの——意思決定者と、その決定が時空を超えて他者にもたらす結果を含む——「リスクのコミュニティ」である。

二　変態は規範を生み出す新たな方法である

気候変動は意思決定の実存主義的瞬間を作り出している。これは意図されたものではなく、人目に触れず、望まれたものではないものとして起こっており、目的指向型でもイデオロギー主導型でもない。気候変動に関する文献は、終末論的シナリオの「スーパーマーケット」と化した。しかし、本当は現在出現しつつあるもの——将来の構造、規範、そして新しい始まりに焦点を当てるべきである。

変態とは、世界的なリスクの時代に重要な規範を生み出す新しい方法である。法学者や標準的な社会学が「違反」を考えるのは、規範があるときのみだ。しかし、世界的なリスクに伴って、過去の体験と将来の破局の予期から、新たな世界的な視野が出現しつつある。起こる順番が逆となっている——規範に**先だ**って違反が生じるのだ。規範は、近代性の勝利が生み出した恐怖についての人々の内省から生まれる。世界リスク社会の歴史をちらと見れば、この変態がわかる。ヒロシマ以前には、誰一人として核兵器の威力を理解する者はいなかった。しかし、後になって、違反の感覚が「ヒロシマを繰り返すな！」という、強力な規範的・政治的な推進力を作り出した。ヒロシマで見られたような人間存在の侵害は人類学的衝撃と社会的カタルシスを誘発し、内側から物事の秩序に挑み、変化させている(第七章)。

「ホロコーストを繰り返すな！」。この変態は、「人類に対する犯罪」という観念を導入することで、私たちの規範的な視野を現在の国家の規範および法律から切り離す。ここで私は深遠な事柄に言及しておきたい。国の法令の基本原則とは、「ある行為は、その行為が行われたときに存在していなかった法律のもとで、後から裁くことはできない」というものだった。ということで、ナチスの法の下ではユダヤ人を殺すことは合法であったが、後に、それは人類に対する犯罪になった。変化したのは法律だけではなく、私たちの社会的な視野――私たちの「世界における在り方」そのものだった。そして、その変化は、社会的・政治的行為の世界的な引力(人権の体制)を強化する、予期せぬ形で起こった。これこそ、私が「変態」と呼んでいるものである。つまり、昨日にはまったく考えられなかったことが、今日には起こり得る現実となり、コスモポリタン的な準拠枠組みを生み出しているのだ。

コスモポリタン化の現実に鑑みて、国家的な物の見方の復権は逆説的である。この見方は、「時代精神」の統合失調症的な構造を特徴づけ、思考を統治する。他方、社会的活動は、成功を望むのであれば、行為のコスモポリタン的な場で展開することになる。そして、コスモポリタン的な視点からは見える気候変動に対する別の行為の可能性を見えなくするのは、人々や研究者の言説における国家的なものの見方なのである。

三　気候変動――自然と社会の結合

変態の瞬間として気候変動を考えた場合、自然、社会、そして政治の一体化が起こる。したがって、

「リスク社会」の話とは、本質的に「世界の変態」の話なのだ。それは、前例のない「人間のありよう」についての話であり、物質的世界とそのリスク——このリスクこそが驚くほどさまざまな新しい話題をもたらした——について語る術《すべ》を提供する。リスク社会を語ることで、これまで話題にし、理解しようとしてきた——が、そこにはいつも概念が欠けていた——物事を語り、ある意味で理解できるようになった。リスク社会で言うところの変態とは、自然と社会の区別の終焉を意味する。以下、『危険社会』から引用する。

つまり、自然はもはや社会なしでは捉えられず、社会はもはや自然なしには捉えられない。一九世紀の社会理論は(二〇世紀の修正された社会理論も)、自然について、根本的には、あらかじめ与えられたもの、割り当てられたもの、征服すべきものとして考えていた。そして同時に、何か対立的なもの、未知なもの、社会とは異なるものとして自然を考えてきた。この想定は産業化の過程によってもはや妥当ではなくなった。いわば歴史的に誤りであることが示されたのである。二〇世紀の終わりにあっては、「自然」はあらかじめ与えられたものでなく、割り当てられたものでもなくなった。そうではなく、歴史上の産物となったのである。社会の再生産のための自然基盤はいわば文明世界の内装である。それは既に破壊されたか、あるいは破壊の危険に曝された。つまり、自然破壊が、工業生産全体の循環の中に吸収され、単なる自然破壊ではなくなって、社会的、経済的、政治的な**活力**の中核的な要素となったということである。自然が社会化されることによって生じる目に見えない副作用は、自然破壊や自然の危険が社会化されることである。そしてそれが経済的、社会的、政治的な矛盾や対立に転化していくことである。生命の自然基盤が害されることは人間にとって、地球的規模での医学的、社会的、経済的な危険を意味する。そして、それは高度に産業化した国際社会の社会的または政治的な制度体に対する全く新しい種類の挑戦となるのである。

この例は、産業界が気候コストを内部化し、かつ改定している様子に見ることができる。コカ・コーラ社のような多国籍企業は、つねに地球温暖化よりも自社の経済的な利益を重視してきた。しかし、たとえばインドで、深刻な水不足によって、大きな利益をもたらす営業許可を失うとなると、認識や優先順位が変わり始める。この一〇年間というもの、地球規模での干ばつによって、炭酸飲料を生産するのに必要な水が干上がるにつれ、コカ・コーラ社の貸借対照表へのダメージが大きくなってきたが、今日では同社は、気候変動は経済的に破滅的な影響を及ぼすことを認めている。

気候変動は、人為的な温室効果ガスの排出によるもので、地球にとって最大の脅威であると私たちは信じている。自らが設定した排出量を大幅に削減する目標を達成するのみならず、低炭素型の未来を実現するための大変革が焦眉の急である。この点について、私たちは自社の操業を超えて考え、製品のバリューチェーン全体に対する責任を取らねばならない。(www.eurotrib.com/story/2014/1/25/12338/0822)

干ばつが多くなり、予測不可能な変動が増え、一〇〇年に一度の洪水が数年ごとに起こることで、同社のサトウキビやテンサイ、果汁飲料用の柑橘類の供給が混乱に陥っている。担当マネージャーの一人は「わが社にとっての要となる原材料を考えると、こういった事象は脅威であると考えている」と述べている。

これは、欧米のビジネスリーダーや主流派の経済学者の新たな意識を反映している。彼らは温暖化を、国内総生産（GDP）の減少や食料・一次産品コストの上昇、サプライチェーンの破綻、財務リスクの増大につながる要因と見ているのだ。こういった見解は、経済学者や多国籍企業のマネージャーたちが推進してきた「二酸化炭素排出を削減する政策は、気候変動自体の影響よりも経済的に害が大きい」という長年の議論と著しく食い違っている。「自然」の破壊を内部化することで、気候変動がもたらす生産と財務リスクに関する経済的研究は、気候変動の時代に、産業ビジネスがいかに「リスクのあるビジネス」になりつつあるかを示している。こうして、産業界は気候変動の影響とその実際のコストに目覚めつつあるのだ。こうして、気候リスク、または**人新世**《アントロポセン》（人間が決定的な生態学的な力となる、地球の歴史における新たな地質時代を指す言葉。Crutzen 2006）がビジネスや経済学の領域に入ってくる。これによって、地球規模の気候変動の原因、結果、そして対応が、根本的に社会的・政治的な性質を帯びるようになる。ここで、変態とは、「気候変動とは、意図によってではなく、副次的効果から成る政治や標準化されたダメージから成る政治によって、人間が地球と社会の進化を方向づける」ということなのだ。

四　世界的なリスクは脅威として到来し、希望をもたらす

世界的なリスクとは、地球規模の破局ではない。破局の予想なのだ。その意味するところは、今こそ行動すべき時である、ということだ。人々をその習慣的なやり方から引きずり出し、政治家を彼らが取り囲まれているという「制約」から引っ張り出すのだ。世界的なリスクとは、もうこれ以上受け容れることができない日々の不安感である。それは私たちの目を開き、希望をもたらす。こうした励ましは逆説的だ。世界リスク社会の理論と、エルンスト・ブロッホの「希望の原理」(Bloch 1995)には、ある共通点がある。世界リスク社会はつねに政治の範疇である。つまり、新たな種類の対立を次々と作り出し、既存のルールや制度的な足かせから政治を解放するのだ。

繰り返しになるが、これこそが私が「変態」と呼ぶものである。温暖化は実際、戦争に対する対抗手段として使われるかもしれない。私たちは、戦争の論理から生まれる脅威から、世界的なリスクの論理によって生じる脅威への移行を経験しつつあるのだ。戦争で言えば、再武装化、敵に対する抵抗やその服従がある。リスクで言えば、国境を越えた対立があるが、同時に、破局を避けるための国境を越えた協力もある――私はこれをコスモポリタン化と呼んでいる。したがって、世界的なリスクの領域内の生活や生存は、戦争に真っ向から反対する論理に従う。この状況下では、「私たち 対 彼ら」という対立を超え、相手を滅ぼすべき敵としてではなく、パートナーとして認めることが理にかなっている。リスクの論理は、世界における複数性の急増にその目を向けさせる。「敵か味方か」という見方が否定する眼差しである。世界リスク社会は、一つの道徳的空間を切り開く。そこに、古い対立を超え、新たな対立とともに新たな同盟を次々と生み出す「責任の市民文化」を誕生させるかもしれない(といっても必ずしもそうなるとは限らないが)。

世界的なリスクには二面性がある。すべての者が衝撃的に脆弱であるとともに、結果として、(自分自身の生存も含め)すべての者への責任を負っているのだ。世界的なリスクによって私たちは、人類が自らの存在を危うくするその様を思い起こさざるを得なくなる。かくして、人間性の意識は定点としての機能を果たす。気候変動のリスクは、ニーチェの言う「価値の再評価(Umwertung der Werte)」を生み出し、価値指向の体系を——たとえば、ポストモダンの文化相対主義から、連帯と行為を動員する歴史的な新たな固定点へと——ひっくり返す。そうなるのは、地球規模の気候リスクには、そうでなければ文化相対主義の嵐に揺れるであろう海を航海するためのある種のナビゲーションシステムが内包されているためだ。(ピエール・ジョゼフ・プルードンやカール・シュミットが言うように)人類を語る者が皆欺こうとしているというわけではないが、自分自身を救うためには他者を救わざるを得ない。世界リスク社会においては、敵同士の協力は自己犠牲ではなく、利己心、自身の生存のためである。言うなれば、「利己的なコスモポリタン」、あるいは「コスモポリタン的利己主義」である。私たちは、新自由主義的な形態の利己心と人間性に基づく利己心を区別しなくてはならない。

しかし、変態は、規範的な政治という意味では、コスモポリタン的未来へまっすぐにつながっているわけではない。実際のところは、その逆である。つまり、変態はきわめて両義的なのだ。小島嶼国のように、気候変動の犠牲を被る者たちがグローバルな地図上で新たな場所を得つつある一方、それでも新たな帝国主義的秩序が出現しつつあるかもしれない。「気候植民地主義」の危険性はきわめて現実的である。私たちは、コスモポリタン的な物の見方をして、こういった脆い状況を可視化して理解できるようにし、犠牲者たちの考えや行為が西洋にもたらす帰結を問わなくてはならない。「私たちの」政治プロセスの中で、彼らに発言権を与えるにはどうしたらよいのだろうか？　このためにはまさに国益の再定義が必要になるだろう。

五　世界都市がコスモポリタン的行為主体として台頭しつつある

私たちはまた、グローバルな行為主体をめぐる景観の変態を体験しつつある。それを通して、国民国家がコスモポリタン化しつつある。一方で、国民国家は「グローバルな問題には国家レベルの答えはない」と認識し、コスモポリタン的な行為主体としてグローバル都市のネットワークを促進することさえしている。他方、国家の制度は依然として、「主権という想像」の産物であり、その支配下にあるのだ。

こうして、コスモポリタンな規範への期待は、コスモポリタン的国家と再国有化型国家の両方を生み出す。再国有化型の国民国家は、コスモポリタン的協力を麻痺させている。国際会議が失敗に終わってしまう。したがって、気候変動への答えを見いだすためには、「国際連合」だけでなく、「世界都市連合」にも目を向けなくてはならない。

社会運動は、コスモポリタン的な枠組みづくりにとって重要だが、集団として拘束力のある意思決定を作り出すことはない。唯一の立法力を有する国民国家が存在するのはこのためだ。しかし、国民国家の影響力は薄れつつある。集団として拘束力のある意思決定を行う上で、世界都市がより重要な場となりつつあるのだ。それはなぜか？　都市においては、気候変動は目に見える影響をもたらすし、気候変動が革新を奨励するからだ。そして国境を越えて協力と競争が行われるし、気候変動への政治的対応が、政治的な正当性と権力のローカルな源泉として機能する。

新たな権力構造が台頭しつつある。世界都市に住む都会の専門家(さまざまな歴史的背景を有する都会の多国籍階級)から成るものだ。都市は国を超えた行為主体として、法的に再定義されつつある。国を超えた政治の組織化された声として、だ。チューリッヒでさえ、ニューヨークのミニチュア版だ。一つの都市ではなく、多くの世界都市が一つになったものなのだ。強力な「赤緑」連合の都市政府を有し、保守派がふたたび権力を握る可能性はほとんどない。

基本的な矛盾もある。都市化は自然との対比として定義されたものだった。今日では、逆である。「グリーンな都市計画」が至るところにある。「持続可能性」はごく普通のものとなってきた。今や何であっても「グリーン化」である。

しかし、この種の脱構築は、コスモポリタンな期待の新たな規範的な視野を正当化している。世界都市は、包括性という新たな世界を作り出しつつあり、そこでは、法を変える可能性が増大している。この新たな可能性を可視化することこそ、私の変態の理論のすべてなのである(第一二章)。

六　パスカル、神、そして気候変動

試しに考えてみよう。気候変動への懐疑論は強力な見解かもしれない。では、それに対抗する議論は何だろうか？　私は、フランスの哲学者であるブレーズ・パスカルと彼のプラグマティズム的な神の「証拠」を用いて反論する。パスカルはこう論じた。神は存在するか、しないかのどちらかだ。私にはわからない。しかし、私は「神が存在する」を選ばざるを得ない。なぜならば、神が存在するなら私の勝ちであり、存在しなくても何も失わないからだ。

この神の存在を信じることと人為的な気候変動の存在を信じることを比べてみよう。パスカルと同様に、私たちには気候変動が「実在する」かどうかはわからない。相当な証拠があるにもかかわらず、基本的な不確実性は変わらないのだ。「大きな自然災害は実際に人為的な気候変動の結果であるか」は知り得ないということを私たちは認めなくてはならない。この不確実性が、意思決定にとって決定的な政治的瞬間を作り出す。

二つの状況が考えられる。一つ目は、私たちが気候変動を否定する、というものだ。その場合、大災害が起こるたびに否定論者の無責任さが浮き彫りになるだろう。二つ目は、私たちが気候変動は現実であると認め、責任を負い、道徳的・政治的に必要な、圧倒されるほどの規模の変化に立ち向かう、というものだ。パスカルの場合と同じく、否定論者にとってさえ、気候変動が現実であることを受け容れる立派でプラグマティズム的な理由がある。気候変動は、世界をより良いものに変えるかもしれないのだ。

気候変動は、あらゆる文明への世界的なリスクであると考えられるため、戦争への対抗手段にすることができよう。新自由主義を乗り越え、新たな形態の国境を越えた責任を認識・実行する必要性をもたらすのだ。気候変動は、コスモポリタン的公正の問題を、国際政治の重要議題の中に置く。そして、そうでなければ互いを無視する、または互いを敵視さえする国々や政府の間に、公式・非公式の協力のパターンを作り出すのだ。気候変動によって、経済や公的な行為主体は、それを望まない人であっても、説明責任と責任を負わされることになる。新たな世界市場、新たな革新パターンを切り開き、その結果、否定論者は敗北者となる。ライフスタイルや消費パターンも変える。気候変動は毎日の生活の中で、そして政治的行為(改革、ことによっては革命)の正当性に対しての、未来志向の意義を生み出す強力な源泉を明らかにする。最後に、自然に対する新たな形態の理解と配慮をもたらす。「巡業サーカス」のように次から次へと開催される気候に関する会議で決まって聞かれる「失望」と「幻滅」という台詞の奥深くで、これらのすべてが起こっているのである。

この観点からすると、気候変動は、第一に、方法論的コスモポリタニズムの社会科学を通して見出され、詳細に分析されるべき、政治と社会の変態を意味する。「気候変動には簡単な解決策がある」と言っているのではない。「マイナスの副次的効果のプラスの副次的効果が自動的により良い世界を作る」と言っているわけでもない(第七章)。そしてさらには、サブ政治および政治の能動的な変態が十分なペースで進んでいて、地球全体を干ばつや洪水、大混乱、飢饉、流血の紛争に投げ込みかねない気候の大破局の加速するプロセスに対抗できると言っているのでもない。しかし、究極的には、大破局も変態だと言えよう――最悪の変態であるが。

第四章　変態を理論化する

一　社会史の回帰

特定の背景やテーマにおいて、世界の変態の確かな様相がどのように表れているか、あるいは表れていないかを探りたい人は、社会史の回帰という問題を提起しなければならない。社会史の回帰について特筆すべきは、変態という観点から見ると、意図、イデオロギー、ユートピア、あるいは政治計画および政治的対立、階級闘争、難民の移動、戦争といった言葉で社会史の回帰を明確に示すことができない、という点だ。むしろ副次的効果という形で、それはいわばこっそりと忍び込んでくる。副次的効果と世界全体の歴史的変化の相互浸透は、この議論のジョークであり、落ちである。

「第二の近代性」の再帰性は、「社会は今や、自身の近代化の力学がもたらす望ましくない副次的効果に直面しており、その副次的効果は社会が巻き添え被害として受け入れてきたものである」という事実の結果だ。現代社会の副次的効果による変態に拍車をかけているのは、副次的効果の隠蔽を伴う形の、貧困ではなく富であり、危機ではなく経済成長である。これは、何も行動を起こさないことによって、なくなるのではなく、むしろ促進される。そして、政治の中心から生まれるのではなく、技術や科学、ビジネスの実験室から生まれる。

副次的効果を経由する変態は、とりたてて選挙のテーマにされることもないので、民主的に制御された政治によってではなく、隠された副次的効果の力によって広がっていく。このようにして、国家的な秩序で作られた産業社会は、未知の世界リスク社会へと変態しつつあるのだ。

ジョン・デューイが著書の『公衆とその諸問題』で主張していることを翻案すると、世界リスク社会とは、何十億もの習慣化した行為の副次的効果が受け入れられ、蓄積されたものが、既存の社会や政治の制度的取り決めを時代遅れにならしめた社会形態である。世界リスク社会とともに主題的になる変態において、過去の行為の副次的効果——それは主作用となった——が全体として、「世界は制御可能であるという物語は(繰り返すが、さまざまな背景、さまざまな文化、世界のさまざまな場所において、さまざまな度合いで)作り話になってきた」という認識の高まりを生み出していく形で、社会に浸透してきた。この考え方は歴史研究にとっても生産的であると、ベンジャミン・シュタイナーが述べている(Steiner 2015: 33-4)。


だが、それに加えて、受け入れられた副次的効果は歴史研究に、歴史上の変化を表す発見的モデルを提供する。一見しただけだと、副次的効果は、歴史の中で驚くべき出来事のように見える。しかし、その後に続く破壊的かつ侵食的な問題が、危機についての議論の中で表面化したとしても、そういった出来事の発生が予見されなかったことにはならない。画期的な歴史的分岐点の以下の例に見られるように、危機についての議論をざっと分析してみることで、副次的効果が危機の原因である場合が多いことがこうして明らかになる。ある行為主体を連想させる——あるいは、させない——議論のテンポが遅いことによって、私たち自身の集合的な社会的自己理解に矛盾が生じると言われる。したがって、危機の議論という観点からは、その後に続く問題や副次的効果が意図的ではないように見えたり、その結果、一般的に少数派の意図であり、したがってあまり効果のない反対論とされる。このような状況において、いつも当惑させられるのは、こういった問題が意図されないものであり、主流ではない「地下」に居場所を見つけるようなものであるだけでなく、主流の議論につきものであって、つまるところ、それにすでに内在しているとも思われるものであることだ。だから私たちは、副次的効果の眼鏡を用いて自分たちの視覚を研ぎ澄まし、主流の議論から副次的な議論への移行にその焦点を合わせなければならない。

現代社会学について言うと、社会学や、おそらく政治学においても、主流の理論や、それを基盤にした研究戦略は、社会史の回帰を記録したり認めたりすることはできないと言わざるを得ない。それは、フーコー、ブルデュー、ルーマンの主要理論には、合理的選択理論と同様、あらゆる相違点があるものの、共通点が一つあるからだ。それは、これらが、社会・政治システムの再生産に焦点を当てていて、それらのシステムの変態はおろか、変容にも焦点を当てていない点である。

だがこういった変容を理解するには、社会的再生産の支配的な形而上学と根本的に決別する必要がある。その形而上学とは、同じ基本パターンの循環的な再出現と近代特有の二元論を示す。だが、歴史性の再出現を認めるこのような決別は、確立された科学的教義と、それらが専門家の権威をさまざまに独占していることに異議を唱えるという点で、認識論的・政治的脅威である。このことは、たとえば、社会政治的な秩序の再生産の推定が、マクロ経済的な予測や地球の気候のテクノサイエンス的構造といった、グローバル性の支配的構造に組み込まれる様子から明らかになっている(Guyer 2007; Szerszynski 2010)。このようなグローバル性は、再生産の形而上学によって枠組みを作られた場合、国内統合の政治のための共通モデルとして学習され、輸出され、利用される可能性がある。未来が過去の経験の一部として概念化されるので、基本的な断絶はなく、線形の延長という問題にすぎない。それは時間を超えた永遠に近いモデルである。現代社会が未来を支配し、植民地化して、未来を制御可能なものにするのだ。

社会学にとって、社会秩序の再生産と決別し、(コスモポリタン的)変態を理論化することは、認識論的・方法論的な困難を引き受けることを意味する。第一の近代性においては、社会構造の再生産に対する正当な要請と、経験社会学の実践ならびに権威との間に選択的親和性が存在する。再生産の形而上学は社会的な法則や秩序の確立を許容し、それによって社会学者たちは予測や比較研究などを行うことができる。第二の近代性においては、社会学者たちの状況は、トクヴィルが「人間の精神」について言ったことと似ている。近代性が継続性と決別するなら、過去は未来に光を投げかけるのをやめるため、その人間の精神(つまりその社会学者)は暗闇の中で迷ってしまうのだ! 歴史性を真剣に受け止めると、社会学者は、過去や現在を用いて未来を語ることができなくなるので、困難な状況に陥る。それから先ずっと、過去に安全を保障してもらうことなく、未来そのものに焦点を当てていかなければならないのだ。つまり、コスモポリタン的社会学は、世界的リスクの時間的水平線上に現れる、未知の知り得ない未来に向かって、新たに方向転換しなければならない。

二　歴史的変化の形態——枢軸時代、革命、世界の変態、植民地的変容

世界の変態の社会学的概念は、世界というマクロ・レベルと、ミクロ・レベルの日常の人間生活という二つのレベルがある、前例のない世界規模の歴史的変化の形態に言及する。それらを、よく知られた三つの歴史的変化の形態と——非常に簡易化された大ざっぱな形で——比べると、その特異性が最も明らかになる。その三つとは、いわゆる枢軸時代、フランス革命、植民地的変容だ。

枢軸時代

基本的な形の歴史的変化は、いわゆる枢軸時代についての議論の中で主題化されているように（カール・ヤスパース、シュメル・アイゼンシュタット）、宗教的な世界観の崩壊として起こった。これらは世界観における革命だった。ここで重要な点は、その革命が、神学に特有の、自己完結型の疑似世界の中だけで起こったもので、その範囲内に限定されたままであったことである。その影響が及んだのは思想などの「上部構造」だけであり、社会にまで及ぶことはなかった。規則や階級間の関係の構造への影響や、男女の上下関係や経済への影響はほとんどなく、そのため人々の日常生活への影響もほとんどなかった。

枢軸時代（紀元前四〇〇年頃）の宗教文化において始まったこの世界観の革命では、超越論的な宗教的秩序と世俗の秩序との間に根本的な緊張が生まれた。それ以前の時代には、来世と現世が一つであると広く信じられていたのに対して、枢軸時代は、超越論的なビジョンに従って世界を形作ろうとした**聖職界のエ**

リートたちの間での神学上・哲学上の論争の始まりとなった。彼らは、世俗の社会的・政治的秩序を正当化する、神の道徳観のさまざまなビジョンを練り上げた。超越論的な秩序は決定的に正当化される基本的なものと考えられていたので、それが世俗的な秩序を測る物差しであった。その物差しでさえ、今や、さらに優れた権威を突き付けられるようになったのである。[*1]

その後の何世紀もの間に、こういった超越論的な秩序のビジョンは何度も、新生の知的・哲学的な動向と科学の新発見や新理論に伴う緊張に巻き込まれるようになった。その結果として生じた課題に対して、代表的なキリスト教の教義は、こういった動向を統合しようとする――だが、閉ざされた神学の世界観の支配は手放さない――ことによって対応した。

いちばんの関心事は、急速に発達している自然科学による攻撃をかわすことだった。その当時まで唱えられてきた世界像は、たとえばガリレオの革命的な発見によって覆されたのである。唐突に訪れた結果だった。そのときまで神学は、地球は円盤状でその中心から遠く離れたところまで行き過ぎると落ちてしまうと教えていたのである。それが今度は、地球は球体だと認めなければならなかったが、同時に神学的な世界のイメージは維持し、それとともに教会の世俗的な権力構造を維持しようとした。同様に、のちに神学者たちは、神学的な世界観と、太陽が地球の周りを回るのではなく(見かけと違って)その反対である――地球が太陽の周りを回っていて、地球や人間に関することはすべて、無限の宇宙空間のほんの一部分にすぎない――という知識とを結びつけるという難しい任務に直面した。

この形の歴史的な変化は、原則的に神学界と、知的エリート層の言説に依然として限定される類の変容であり、社会や人々の日常生活には及ばない――または、及ぶとしても極めて間接的な形で及ぶだけである。たとえ社会的・政治的変化が想定される場合でも、それらは、依然として知的エリート層の利害につながっているし、その利害関係がどれほど包括的であったとしても、それは限定的にすぎない。経済的基盤と既存の支配関係は影響を受けなかったし、生産手段の再分配は追求されなかった。さらに、革命的になる可能性のある、人間の平等についての話は、既存の不平等——特に、奴隷と女性に権利がないという事実——は自然によって定められたものだということを前提とするある種の政治的・神学的な形而上学によって、政治的に制御された。

革命

画期的な変化の二つ目の形態は革命であり、その典型的な例がフランス革命だ。ここでは、神学的世界観の超越性が政治的な変化に付与される。キリスト教の世界観において暗に含まれている平等の概念が、封建的な力関係をばらばらに吹き飛ばす革命的な概念と理想の姿へと変容する。その特性は、革命が、単に神学的・哲学的世界観の次元における変化にすぎないのではなく、社会的・政治的秩序の見せかけの自明さに打ち勝ち、適応性のある政治と社会という理想郷をそれに対抗させるものだということである。その結果、日常生活も歴史的変化の力学に握られることになった。

三つの次元でこういった革命的な変化が表れた。最上層から最下層までの社会的秩序を激しくかき乱した**平等の概念**が新天地を切り開いた。

さらに、啓蒙思想から生まれた理性と合理性の概念が結びついて**宗教の急進的な批判**を生み出した。この啓蒙思想の中心的な概念は、宗教的な価値基準の正当性、つまり来世の秩序による現世の正当化に根本的な疑問を投げかけるものなので、宗教への攻撃となったのだ。自由、平等、友愛という現代の理想郷には、正当性の源としての神はもう必要なかった。

このことを背景に、**ナショナリズムという概念**も広がった。この概念は、一九世紀以降、まずは欧州で、そしてその後にはあらゆる場所で勝利の行進を続け、国内と国際という重要な区別に従って世界を構造化し、政治の領域だけでなく諸科学の領域(歴史、政治経済、社会学、国際関係、人類学、民俗学など)にも、この秩序を押し付けた。

革命は一方向の概念ではない。フランス革命は、まずマルクス主義のロシア革命に、それからドイツ(や他の欧州の国々)における人種差別的な国家社会主義の革命に受け継がれた。これはついには、第一次・第二次世界大戦、ホロコースト、旧ソ連の強制労働収容所、そして冷戦という世界秩序の二極分化という悲劇的結末へと至ったのである。

コスモポリタン的観点からいうと、ナショナリズムが特に有毒なのは、それが世界大戦や世界の不平等を公然と正当化するからだけではない。その認知状態のために、危険なのである。ナショナリズムは、私たちの政治学や社会科学の枠組みと私たちの思考や知識の最も基本的なカテゴリーを規定し、硬直化させる。そうしてイデオロギーとしてのナショナリズムは、私たちが想像したり望んだりできることを制限するだけでなく、さらに重大なことには、私たちが知ることや私たちの真実のとらえ方をも制限する。最も基本的なカテゴリーが、実際には国家の秩序の囚われの身となるのだ。市民、家族、階級、民主主義、政治、国家などがすべて国家によって規定される。私たちの法律や行政機関がそれらを規定し、そしてこういった規定が方法論的なナショナリズムを通じて、社会科学によって拡大するのだ(Beck 2000, 2006;

Wimmer and Glick Schiller 2002, 2003)。

世界の変態という概念は、一つの社会・政治理論、一つの理想郷(または暗黒郷)の話にとどまらない。それは私たちの時代の現実である。私は、「コスモポリタン化」は非現実的なイデオロギーであるという論を覆し、二一世紀の初めにおいては、理想主義者なのは国家主義を唱える人たちだと主張する。彼らは、国家の時代遅れのレンズを通して現実を見ており、そのために世界の変態が見えない。したがって、変態の社会学は、私たちが大切にする最も深い真実である「国家の真実」に異議を唱えるので、私たちの時代の批判理論である。

変態

歴史的に前例のない世界の変態がついに始まることを可能にした歴史的な必須条件が二つある。帝国主義の崩壊と、ソヴィエト連邦の崩壊およびそれに伴う二極分化した世界秩序の終わりだ。それは特に、軽々しく「グローバル化」と呼ばれるものの副次的効果として起こった。植民地的な変容は、大陸横断的ではあったものの、厳密な意味ではグローバルではなかった。フランス革命と違って、世界の変態は、体制の政治的中心地に限られない。というよりも、同時にすべてのものが起こる。非同時的なものが同時発生的に起こるのではあるが、地方でも、地域でも、国でも、世界でも起こるのだ。革命と違って、それは政治体制だけでなく、理解や、政治や社会そのものの概念にも影響を及ぼす。それは、(革命や戦争のように)時間的・空間的・社会的に限られた例外にすぎないのではなく、さらに進むもので、リスク資本主義の段階的拡大にともなって段階的に勢いを増す。それは意図的なものでも、計画されたものでも、特定のイデオロギーに拠るものでもない。そして政治的な行動を何も起こさないことによって、弱体化しないどころか前進しつづける。民主主義的に正当化された政治の中心から出現するのではなく——社会的・法的に構築された「副次的効果」として——経済学の利益計算から、技術や科学の実験室から生じる。したがって、革命的な意識も世界の変態には無関係である。国の秩序だけでなく、いつのまにか意図せずに、世界の秩序までも覆しつつある変態が起こっているということは——内在的な社会変動や単線的な変容といった要素で世界を理解する支配的な見方の主張に反して——まずは政治や科学、日常生活の中に次第に表れるにちがいない。

あらゆるものを含む、意図もなく、特定のイデオロギーに拠らない、人々の日常生活を牛耳るこの変態が、ほとんど容赦なく、考えや行為の既存の可能性を常に上回る**大変な勢いで加速しながら**起こっているのだ。世界観における革命をめぐる対立が数十年間、あるいは数世紀も続き、フランス革命の影響が過去二〇〇年間にわたって続いてきた(そして、今も続いている)が、世界の変態は、まさに**想像もできないような**スピードで起こっており、そしてその結果として、人々だけでなく制度も侵略し、圧倒しつつある。だから、いま私たちの目の前で起こっている変態は、社会理論の概念化の範疇をほぼ超えているのだ。そして、だから多くの人たちは今、世界の蝶番がはずれていると感じてもいる。

この加速は特に、言語のレベルで明らかになる。変態の圧力の下では、多くの主要な政治的・社会的概念が時代錯誤になりつつあり、その内部から大きく空洞化さえしつつあるために、もはや何も開示しない。政治における左翼と右翼の間の敵対であろうと、国民と外国人、自然と社会、第一世界と第三世界、中心と周縁などの間の区別であろうと、あらゆるところで、貧しい言語表現、不適当な組み合わせ、空洞化しに、それらは世界の変態を告げる、壁の落書きでもある。同時た制度が見受けられるようになる。馴染み深い概念は過ぎ去った時代の記憶の痕跡となりつつある。同時に、それらは世界の変態を告げる、壁の落書きでもある。

植民地的変容

植民地的変容は、グローバル化の前のいわば帝国主義的グローバル化の初期段階である。植民地主義には実のところ文明と同じくらいの歴史がある。それは、東洋と西洋の両方のあらゆる文明と宗教の歴史に欠かせないものだ。だが、世界に広がるキリスト教の考えに後押しされて、西洋の植民地主義は世界征服という目標により近づいた。植民地保有国は想像を絶する暴力と残虐行為に加担したが、それは、「無信仰な人々」は彼ら自身の魂のために改宗させられる必要があるというイデオロギーによって正当化された。植民地化された国の人々の世界観や信仰などといった対立表明はいかなるものも、征服と伝道の協働によって壊滅させられた。コロンブスはこれを、「まだキリスト教徒になっていない者は奴隷になるしかない」という原則にした。だから西洋の植民地主義は、中心と周縁の間の階層的なもつれと理解する必要があるのだ。植民地保有国の安定の土台となっていたのは、暴力を通じて植民地化された国の人々の心に劣等と未開という考えが刻み込まれ、実際、彼らの自己理解の一部になったという事実だった。

革命と同様に、植民地保有国の歴史的な変容というモデルは、意図、目的、宗教、政治、暴力、支配、イデオロギーを特徴とする。

欧州の国民国家は、植民地化された領土内の人的・物質的資源の搾取なしには誕生し得なかっただろう。植民地は、その後に欧州国家で実施されることを試す「未来の実験室」であった。ここには、二一世紀の初めの変態において重要な部分をなすコスモポリタン化の始まりが見てとれる。これは、植民地主義をコスモポリタン化の初期バージョンとみなしているのではない。双方のもつれの形態は非対称であるが、予期される平等の観点から、双方の非対称のもつれを理解して初めて、コスモポリタン化について語ることに意味がある。

だが依然として大きな問題が一つある。私たちは本当に新植民地主義からコスモポリタン化への「変態」を目の当たりにしているのだろうか？　この質問に答えるために、私たちはどのような過程や段階を見極め、どのような基準をもたなければならないのだろうか？　または、さらに根本的なところでは、コスモポリタン化の定義である「全世界の他者の強制的な包摂」とは正確には何を意味するのだろうか？　誰が、誰によって、何をするように強制されるのだろうか？[*2]

「植民地主義後の変態」を説明することは、実は、植民地化とコスモポリタン化を慎重に区別することを意味する。

変態は、従属関係（理論）とコスモポリタン化（理論）とを区別するところから始まる。両方とも、歴史的な大陸横断的不平等と非対称の力関係の世界的な形態を言い表すものだ。だが、コスモポリタン化は**平等と正義についての規範的な視野**を生み出し、それによって、世界的な不平等と権力の既存の構造と制度に対して、すべての人を受け入れる変化を求める圧力を生み出すので、その社会的・政治的な特質は変わっていく（第六章）。変態のこの最初の過程は、必ずしも非対称性の減少につながるわけではなく（世界的な不平等が増す可能性さえある）、平等という世界的な規範の実践につながる。これは、人権の体制やその制度化、世界的な人権擁護運動を通じて起こりつつある。それらが、既存の世界的な階層を、（植民地開拓者が考えたような)「自然に与えられた(「グッズ」)」から「政治的なバッズ」へと変容させるのだ。

変態の第二の過程は、世界的なリスクに関連する。このリスクが世界的な社会的関係を——それがいかに不均一で散発的であっても——強め、形成し(変容させ)、それによって**分かち合う運命**の瞬間を生み出す。世界的なリスクによって生み出される変態は、一方向性の帝国主義を、作り出された不確実性——これは、国内で解決することも、いつもの「植民地」と「植民地後」の二元論を引き合いに出すことによって解決することもできない共通の問題である——の世界的な広がりへと変貌させる。

平等についての規範的な視野と、作り出された不確実性という共通の問題の両方が再帰性を生み出す。植民地主義によって生み出された「絡み合う歴史(Randeria)」が、絶滅の危機に瀕した未来に照らして、思い出され、再定義されつつある。

アナ・マリア・ヴァラは、「新植民地主義のコスモポリタン化への変態はごく特異的な形の権力構造と資源に根本的に依存している」と主張する(Vara 2015)。**逆**依存関係という強力な要因がなければならない。つまり、価値の再評価である。自然に与えられた非対称性とされていたものを「政治的なバッズ」へと逆に評価することは、必要ではあるが十分ではない条件だ。それに加えて、「権力の解放」と呼べるかもしれないものがなければならない。これは、旧宗主国は、旧植民地の力の増大に依存しているということだ。変態の過程はさらに、(脱)植民地支配上で排除されていた国が、権力の解放によって、世界の問題についての交渉に含められていることを示す事実に依存しているとも言える。こういったことすべてが暗示するのは、危険と希望の新たな景観だ。

電気自動車に関して言えば、国レベルでは、ボリビアやチリ、アルゼンチンにはこれまでどおり、天然資源のリチウムを提供することが期待される。一方で日本、ドイツ、韓国には、それを工業製品化することや、技術、バッテリー、そして車を提供することが期待され、そしてその車を買うことも期待される。これはどういうことだろうか？　この場合、どこに変態があるのだろうか？　ボリビアやチリ、アルゼンチンは現在、新たな地政学的世界で突然力を与えられた国家という立場で取り組みと交渉を行っている。おそらくコスモポリタン化は、関係性の条件を交渉する**現在の力**や、関係性の**ある種の平等化についての将来的な視野**と関係がある。この南米の三カ国の国民がこう言っていると想像してみよう。「私たちは平等ではない。だが私たちには、**平等であることを望む**権利がある。そして、この権利を有すると認められる権利もある」(Vara 2015: 102)

ここからヴァラは次のように主張する。コスモポリタン化とは、規範的な視野を生み出しているように思われるが、権力の関係性を変容させる可能性を持つ政治を意味する。それは「関係性を覆すことでも逆転させることでもなく、変態が暗示するような何か他のもの」だ(ibid.)。変態は社会的にどのくらい広く行きわたっているのだろうか？　変態は基本的には、未完で、完結不可能で、制限がなく、(これが重要な点だが)逆転不可能であるが、今もまだ帝国主義的な目的のための手段として利用される可能性はある。

三　変態の動作主としてのリスク社会

哲学、地学、社会学、フェミニスト運動、環境批判、あるいは政治全般における現在の欧州中心主義を嘆く人たちが人々の好奇心をかき立てたり、注目を集めたりすることは期待できない。それどころか、驚くべきは、この分権化を主張する批判的行為がいかにありふれた普通のことになったか、である。だが一方で、欧州中心主義の批判がこのように「あくび」をもって迎えられるということから明らかなのは、この批判の要点――つまり、欧州を中心に置かない世界観を確立しようという呼びかけ――はずっと前からあって受け入れられてきたということだ。たとえ、それが何を意味するのか、そしてそれによる実際的な効果があるのかどうかをめぐって人々が今も当惑し、議論になっているとしても、である。また、今では当たり前の西洋の帝国主義に対する批判も、これに打ち勝ち、西洋の帝国主義が打倒された「良き世界」を構築することに対する要求を拠りどころとしている。

宗教的な世界観が、宗教についての科学的批判によって損なわれ、科学的合理性が幅をきかせる近代の世界観によって取って代わられたのと同じように、今日、直接的・間接的な形態のあらゆる特権は、たとえその批判の対象が富裕層であろうと、北半球の白人であろうと、さらにはウェストファリア体制の国家であろうと、いっそう合理的な合理主義の名の下に、その廃止が求められている。妥当性と合理性の新たな構造の輪郭は、確立されているものではなく、批判されているものの中で明らかになる。これも平等と正義の新たな合理的基準が実現されて**いない**ケースであり、むしろその代表例でさえある。

技術決定論的な楽観主義

(後でより詳細に述べるように)世界を変容させているのは世界リスク社会だけではない。異なる形態の世界の変態もある。それは新たな技術決定論的な楽観主義であり、これは不可能ということに関する健全なる無知によって形成される。近代の世界観は、いわゆる「進歩の信仰」に基づいていた。つまり、救いへの宗教的信仰が、技術と科学のもつ現世の非宗教的な生産力への信仰に変容したのである。ここでも、信仰とは目に見えないもの――この場合は、まだ開発できる人間の能力と、実存の問題をますます精密に効率的に制度が解決できる能力――を信頼することを意味する。私たちは今もたいていは、これが究極の真実であるかのようにふるまう。このことは、この信仰に対して少なくとも異議を唱え、おそらくは反論さえもする世界の統計や報告書にも表れている。人々は、非識字率の高さや、子どもの病気や新たな文明病の多さ、人口過多(または過疎)、交通事故死亡者数の多さ、環境破壊や景気停滞、人権侵害の深刻さなどを嘆く。こういったことはすべて嘆かわしく思われるが、同時に「良い行為」――ここが重要だが、特に「世界」と「人間」のために「良い行為」――のための基準として求められ、確立されている。

ジョシュア・J・イェイツ(Yates 2009)が見事に実証しているように、この交錯は、ある種の自己成就的な予言としてコスモポリタン的な規範の枠組みを求めるもので、各問題における分配を図で主題化するさまざまな世界地図に表される。これに関連して、失敗と不正の世界地図をたくさん思い浮かべることができる。これは、世界における消費の機会の根本的に不平等な分配とその認識という問題であり、HIV感染者がどのように地球全体で広がっているかという問題だ(力のある欧州の大陸各国、米国やロシア、アジアが縮小している一方、アフリカのさまざまな地域が、世界地図の大部分を占める、認知できない厄介な構造体へと拡大している)。貧困の世界地図の場合、似たようなものが見て取れる。それに対して、GDPの世界地図では、西洋の国々と「アジアの虎」と言われた国々は、アフリカ大陸や南米大陸の小国を小さく見せる巨大な姿という特徴を示す。ある世界地図は、世界全体で収入と幸福がどのように関係しているか(または関係がないか)も物語る。そして、これをいっさい信じない人たちは、一九五〇年以降、世界全体でGDPとGPI(真の進歩指標)の数字がいかに乖離していっているかという説明に、論駁の根拠を見つけるだろう。

世界がいかに小さくなりつつあるかを特に示しているのが、海外の観光地と危険地帯が重なり合い、互いの中に入り込んでいるさまだ。欧州の人々は温暖な地域へ押し寄せているが、こういった目的地の多くは、命にかかわる病気や自然災害、深刻化する貧困や戦争のために危険とされている地域である。その結果はある種の不良債権で、そこでは希望と恐怖と落胆が交錯する。これらはどれも、異なる世界につながる道の途上にある現代世界の形而上学的変態に関する社会学の研究にとっての最初の指針として解読され得る。

というわけで、すでに裂け目ができているのである。現代の進歩信仰——科学技術の救済力、無限の進歩という考え、天然資源が無尽蔵であること、無限の経済成長と国民国家の政治的優位性を信じること——についての古典的な世界観は、今も行動の指針である。この信仰は、リスク社会という理論によって、現在展開しつつある破滅の可能性と不確実性というシナリオ——これはまさしく進歩という大勝利の結果である——に照らして、理論的な脆弱性と不備という問題を突きつけられた。だがこれに対して、技術的・道徳的な武器が開発されており、それはシリコン・バレーに限った話ではない。それらは、近代性によって生み出されるあらゆるバッズから世界を解放する進歩という超楽観主義の形態を前提としている。ガンの予防、延命、貧困の克服、気候変動の制御、識字率の向上などはどれも、科学技術による進歩への信仰という新たな十字軍が約束してくれるものだ。スタンフォード大学の未来学者であるポール・サフォーによると、「シリコン・バレーの人々は、自分たちは製品を送り出しているだけでなく、革命を起こしているのだ」と確信しているという。ここの人々は「月ロケットの打ち上げ」――つまり、世界を完全に変えることになる真に大きなこと――に取り組んでいる。新技術で世界を変える人たちの目のきらめきは不気味だ。ここでは、世界リスク社会という理論の主な論点が無視されている。これには三つの段階がある。一つ目は、近代化の勝利(進歩の信仰)の破壊的な副次的効果を無視する人たちが潜在的な破壊の進行を加速させ、強め、一般化する、という矛盾だ。社会的・政治的脅威は、この物理的な破壊と脅威と明確に区別されなければならない。リスク社会の理論の主題は、物理的な破壊と世界的なリスク(だけ)ではなく、それらが社会、政治、制度に及ぼす影響である。世界が終わるか終わらないかは、社会学的にはまったくどうでもよいことだ。一方、社会学的に大きな重要性をもつのは、世界リスク社会の概念において展開されているように、産業資本主義の環境面の副次的効果が社会的な変容を起こす力――と、形而上学的な要素を備えた力――をもたらすという考えである。つまり、リスク社会は、変態の産物であり、変態自体が世界の変態の生産力と動作主になっているのだ。

二つ目の主な論点は、工業生産の破壊的な影響は永遠に外部化することはできない、ということだ。それとほぼ反対に、リスクの存在を断固として無視し、過小評価し、否定することによって、未知の部分に関する新たな世界的なリスクを生み、それを増幅させ、世界的に拡大させるのは、間違いなく進歩への過度の信仰である。一例を挙げると、米国は、温室効果ガス排出量を制限する京都議定書から脱退できるが、遅かれ早かれ、(ハリケーンなどの)壊滅的な気候の影響という形であろうと、影響を受ける他の国々や国民、大陸や国家からの政治的反発という形であろうと、または国内の政治的対立が世界中で起こるという形であろうと、その影響に直面しなければならなくなるだろう。

変態の三つ目の主な側面は、世界的なリスクの、(変態)そのものの認識または気づきに対する影響に関することである。これは、一方では「再帰性(自己分析)」の問題であり、もう一方では思考(知識、グローバルな会話)の問題でもある。環境に関する対立は、「自然環境」そのものにおいて起こっているのではなく、組織、政党、労働組合、グローバル企業の中や、政府と国際機関の内部やその間でも起こっているし、朝の食卓——そこでは、すべてが生活様式や朝食、消費の正当性によって決まる——でも起こっている。ここで、変態にとって重大な観点が繰り返し明らかになる。結局何も起こっていない、すべてがそのままではないかという不満と批判はまさに逆説的で、一見そうだが、実は、視野に根本的な変化が起きていて、「世界」とか「人類」とか「惑星」といった立派な名前をもつ新たな恒星が確立されつつある。

だが、これは正確には、(これもよく嘆かれるような)「何も見えない状態」という問題ではない。むしろ、こうして、グローバル化した行為の形態と空間——つまり、世界中で有効な抗議と抵抗の形態——が生まれ、言うなれば、コスモポリタン化した行為の場の集合体に属する。そして、世界的な変化をもたらす市民社会や非市民社会の運動から生まれた行為集団によって活性化される可能性がある。

多くの人は、東欧の国家社会主義の内部崩壊で、「問題の真相を究める」いかなる形態の社会批判も不可能になったと感じている。実際には、状況はまるで逆だ。高度の再帰性を特徴とするコスモポリタン化した世界——そこでは、あらゆる社会的関係の問題視が当然と思われるものになり、コスモポリタン的行為の範囲が広がっていく——は、実のところ、新たな方法で政治的・社会的批判を促す。少なくともその主張と要求に関しては、失敗を非難される世界はますます日常的で個人的なものになりつつあると同時に、より普遍的で干渉主義的になりつつあり、あらゆるところで注意喚起を行う。

人権

エミール・デュルケームの社会学が主に主張するところによると、規範が破られることでその妥当性が再確認され、強められるという。世界リスク社会によって拍車がかかっている変態は、この洞察をいかに書き換え、改め得るかを示している。繰り返すが、世界中の失敗の議事録――極度の貧困と不平等、人種差別、女性に対する抑圧、環境破壊、宗教的原理主義に根ざす「野蛮な」暴力という新たな領域から逃避する難民の動き――は、以前には「考えられなかった」ことを、「自然に」当然のこととして受け入れられることへと変容させる。しつこく繰り返される失敗は、政治的批判と政治的行動主義のための、コスモポリタン化された実践の形態と行為の空間を生み出す。これが多くの文化的反乱(アラブの春、アル・カーイダ、「ウォール街を占拠せよ」運動、または過激なテロ組織「イスラム国」(IS)まで)の言語であり、これらすべてには共通点が二つある。まったくの驚きだったことと、その目的が世界を変えることだったことだ。

反コスモポリタン運動

特に世界のコスモポリタン化への往々にして激しい抵抗――世界全体での再国有化運動や、ドイツだけでなくフランス、英国、ハンガリーにおける反欧州政党の強大化による抵抗――は、世界がコスモポリタン化されていくときの力を解明するのに役立つ。このコスモポリタン化は、重大な点において覇権主義的である。コスモポリタン化を意図的に、または意図せずに支援している人たちがいるのだ。こういった人たちは、民主政治の正当性と、国際機関(国連体制、WHO、WTO、IMFなど)や市民社会の運動やネットワークの秩序を支援する。だが、専門家やグローバル企業、国際銀行システムの知識共同体といった強力なサブ政治的なコスモポリタン化の媒介体も存在する。それはどれも、ますます地域に浸透していっている。

「コスモポリタン化された近代性」に向けた発展は常に、それ自身の問題化――つまりは反近代性――を伴う。反近代性とは、「**構築され、構築され得る確信**(hergestellte Fraglosigkeit)」のことだ(Beck 1997: 63)。生物学主義であろうと、民族主義、新人種差別主義、または過激な宗教的原理主義であろうと、それは常に、近代化の進行によって提起される問題をイデオロギー的に却下するという問題である。反近代性は実のところ、きわめて近代的な現象なのだ。それは近代性の影ではなく、産業の近代性それ自体が事実であるのと同時に、事実なのである(ibid. 36)。

このように、世界のコスモポリタニズムは、二重の形で規定される。一方では、万人を、新たな意思決定の機会と制約をもたらす自由へと解放し、もう一方では、「自由の厳しさ」とコスモポリタン化が進展する際の覇権主義的な力が、国家、民族性、文化、社会的性別、そして宗教の「当然」視を主張する反近代的なイデオロギーを始動させる。

政治の舞台でコスモポリタン化と反コスモポリタン化の論が闘わせられている。また、このことが意味するのは、気候変動の危険性を認識できていないことは、この地球全体の脅威の無視ではなく、地球の気候のリスクについての認識が世界のコスモポリタン的な変態に拍車をかけているという事実を示しているのかもしれない。

リスク社会

「**リスク社会**」という概念はおそらく、そうしたマッピング計画やそれが提示する再帰性の意味を社会学的に理解しようとする最近の理論的な試みの最も顕著な例だろう。簡単に言えば、**リスク社会**は、近代性の新たな局面を示唆するもので、その局面では、かつて近代産業社会の「グッズ(正の財)」として追求され、争いの対象となったもの——収入、職、社会保障のようなもの——は今日、ベックが「バッズ(負の財)」と呼ぶものをめぐる対立によって相殺される。これには、かつての「グッズ」の多くを実際に手に入れるために使われた手段そのものも含まれる。より突っ込んだ言い方をすると、原子力や化学物質の力、遺伝子研究、化石燃料の採取、確実に経済成長を持続させることへの全体的な執着が生み出す脅迫的で計り知れない副次的効果やいわゆる「外部性」も含まれる。**ベック**は、ある状況の深刻な矛盾を浮き彫りにする。現代の知識欲と、その知識を通じて人類の目的のために世界を制御しようとする意欲のすぐ後に続いて、世界のリスクと不測の事態が起こるという状況である(Yates 2009: 20)。

二一世紀の初め、**世界がリスクにさらされている**という状況で、

相反する感情と不確実性の世界が、広がる一方のさまざまな環境問題——気候変動、漁業の衰退、砂

漢化、水不足、種の絶滅など——をめぐって、猛烈な勢いで逆襲してきている。このような問題はすべて、活動家たちの批判と異議を引き起こすと同時に、専門家と議会の側の積極的な取り組みと問題解決を必要とする。重要なことに、有権者や圧力団体が、地球温暖化からピーク・オイル説、子どもへの予防接種の危険性、遺伝子組み換え食品の危険性まで、あらゆることの信憑性をめぐって闘い、科学と科学の影響を受けた政策が政治論争の主な対象になる(ibid. 20–1)。

リスク社会を破局社会と混同しないことが重要である。そのような社会は「手遅れ」というスローガンや、滅びる運命、絶望というパニックを特色とする。リスクと破局との小さいが重要な違い——人類に破局が訪れるという予想(これは実際には破局では**ない**!)——は、想像し、動機付けし、動員する大きな力だ。ここでも、このようにして、リスク社会は世界の変態の強力な行為主体になる。

そして、私たちは「世界的なリスク」と「通常のリスク」を区別しなければならない。

「世界的なリスク」は「本質的に違う」のだ。なぜなら、この種のリスクは、「まだ知らない」という意味での「未知」の何かであると、安直に「自然に」理解することはできないのだから。それどころか、「有用性について産業的・技術経済的な意思決定や検討をすることは、**不知**(Nichtwissen)を生み出すことだと理解する必要がある(特にBeck 2009を、また、詳しくはWehling 2006を参照)。不知は、「まだそこにないという点で、(まだ)**欠けている**知識であり、私たちが**まだ**知らないこと」と誤って概念化されるべきではない。そうではなく、「未知の無知」と理解される必要がある。つまり、「自分たちが知らないということを私たちはわかっていないことがある」という事実をとらえているのだ(Selchow 2014: 78)。

言い換えると、世界リスク社会という概念は、型にはまった答えがない問題が集まったものと理解することができる。

リスク社会は世界の変態の動作主になりつつある。リスク社会を分析することなしに、世界やその中の自分自身の立場を理解したり、それに対処したりすることはできない。リスク社会における対立の力学は、前例のない危険と、政治的行為の前例のない機会とからもたらされる。両者のうちの、一方がもう一方を決定づける。以後の章で展開するように、一つのモデルとして要約すると、これは次のようになる。

ある二重のプロセスが展開している。まず、進歩に関する近代化のプロセスがある。これはイノベーションを目指すもので、グッズの生産と配分を目的としている。二つ目に、バッズの生産と配分のプロセスがある。両方のプロセスが展開し、反対方向に進む。だが、この二つは連動している。

この相互のつながりは、近代化のプロセスの失敗によって生み出されるのでも、危機によって生み出されるのでもなく、まさにそのプロセスの成功そのものによって生み出されるのだ。それが成功すればするほど、バッズが生み出される。バッズの生産が、近代化のプロセスの巻き添え被害として見過ごされたり却下されたりすればするほど、バッズはより大きく強力になる。

観察者の視点が両方のプロセスを一つにまとめて初めて、行為の新たな可能性が開ける。この互いにつながり合った二つのプロセスのうちの一つだけに焦点を当てると、世界の変態を理解することはできない。

なぜなら、世界の変態とは、まさにこれら二つのプロセスの合成であり、観察者の視点を通して理解することだからだ。したがって、変態の理論と分析操作が合わさって両方のプロセスを舞台の中央に持ってきて、それらの相互作用を見ることになる。この合成によってはじめて、(「通常のリスク」に対する)「世界的なリスク」、(「コスモポリタニズム」に対する)「コスモポリタン化」、(「階級」に対する)「リスク階級」、(「天変地異説」に対する)「解放的な天変地異説」、(「生産性の関係」に対する)「定義の関係」などの新たな診断的な理論と概念が引き出される。これによって私たちは世界の変態を観察することができる。実際、それによってこの相互につながった二重のプロセスを、社会学における二重螺旋に相当するものとして理解できるという理由で、世界のDNAを理解することができるのだ。

四　コスモポリタン的理論化

私たち社会科学者も、自分たちに突き付けられた現実に直面して、言葉に窮していると認めることは恥ではない。私たちは、(実証研究の用語と同様に)社会学理論の用語によって、繰り返し起こる社会変動のパターンや例外的な危機の発生には対処できるが、二一世紀の初めに世界が経験している社会的・歴史的な変態は、理解するどころか、説明することさえできない。

この時代の知的状況の特徴として、この言葉に窮する状況を表すために私が本書で紹介する言葉、概念または比喩は、世界の変態をめぐるものである。

私は移行に関するこの理論的・診断的概念を用いて、確立された社会理論の準拠枠組みの中では考えられない出来事や、新たなコスモポリタン的な行為の枠組みと空間に焦点を絞る。たとえば、気候のリスクは、他の世界的なリスクと同様に、私たちをコスモポリタン的な非人間の条件(conditio inhumana)に直面させる。だが、これには基本的にデジタルの変態――つまり、デジタル全体主義の支配下にある生活が、ある断絶によって、私たちの存在全体を変容させつつある世界的な支配の力によって、政治的自由のある生活といかに切り離されているか――も含まれる(第九章)。

このように、世界の変態についての社会学的理論は、(ここまでに示してきたように)社会史の回帰、つまり**歴史が戻ってきた**というメッセージを表しているのだ! そこには、主流の社会学に対する怒りが存在し、おそらく主流の政治学に対する怒りも存在する。フーコーやブルデュー、またはルーマンの社会理論と、現象学と合理的選択理論とには、あらゆる相互の対立にもかかわらず、基本的な共通点が一つある。両方とも、社会・政治システムの再生産に焦点を当てているのであって、未知の制御不可能なものへの変容に焦点を当ててはいない。それらは歴史の終焉の社会学だ。世界は「**未知の国**(terra incognita)」へと変態しつつあるという事実を曖昧にするものである。

変態の理論化には理論化の変態が必要となる

社会科学における理論は、あらゆる種類のものが、近代性の潜在的な破壊力が急激に高まるのに伴い、近代性の歴史性を見失う危険にさらされている。実際、社会史は国史にまとめられている一方で、未来の理論的な予測不可能性や制御不可能性、近代性の意味と狂気の論証(Bauman 1989)は、世界の合理化と機能分化の話に矮小化される。このようにして、社会学の領域はこそこそと狭められ、現在に限定されると規定されている。つまり、社会学は、現在を代わるもののないものとして規定し永続化する「現在主義」の罠に陥っている。これが最終的に、近代性の「時間の意識に欠けた」モデルや「前後関係を見ていない」モデルを生み出す。これと同等なのが、人々が自分たちと同様でありさえすれば、世界にとっては何も問題ないだろう、という独りよがりの考え方である。

世界の変態に関する学際的な社会・政治理論は、社会的・政治的秩序の再生産というこのモデルを拒絶する。これによって、変態の一連のあらゆる新しい力学、プロセス、体制が視野に入ってくる。変態の社会学的理論においては、連続と不連続、近代の意味と狂気の脈絡をいかに概念化し、実証的に研究できるかが核心となる問題だ。

後の章で、これが何を意味するのかについて詳細に扱っていく。ここでは、主に、理論の研究に関してこれが意味することについての技術的な事柄を扱う。変態の理論化には理論の変態が必要となるのだ。

社会学における理論の習慣的な認識――理論を普遍的理論と同一視する――では、理論と今の時代の診断とを区別する。この区別において暗示されているのは、現代の診断には理論が欠けているという価値判断である。診断自体、疑わしいとみなされる。そして実際、現代の多くの診断が、孤立した出来事や観察を一般化しすぎる。だが私が紹介してきたことやここで紹介していることは、まったく異なるものだ。私が『危険社会』や『コスモポリタン的視野』(*The Cosmopolitan Vision*)に書いたことと同様(または、形はさまざまだが、アンソニー・ギデンズ、マーティン・オルブロウ、ジグムント・バウマン、ブルーノ・ラトゥール、アルジュン・アパデュライ、ジョン・アーリらの研究も同様だが)、ここで私が「大事だ」と言っているものは、世界の変態に関する、理論的にも通用する野心的な歴史的診断である。これによって、普遍的な理論では認識できない、視野の画期的な変化を記述可能にするプロセスに関する中範囲の概念が発展する。

理論についての理解におけるこの変態によって、普遍的な理論とその時代の歴史的な理論的診断との階層的関係がひっくり返る。社会史の回帰を見えなくさせる、現代社会学の社会的理論に特徴的な普遍主義は、コスモポリタン化された行為の空間と枠組み、そして、思考と行為との間の世界観の違いを見えなくさせる誤った普遍主義になる——これが、この時代についての私の診断の主な特徴である。

だが、社会科学の「社会的理論」におけるコスモポリタン的転回は、「社会」の概念も「理論」の概念もいずれも従来のものとは共有しないが、どのような要件を満たさなければならないのだろうか？　社会学は観察者であるが、同時に、それが診断する世界のコスモポリタン化の社会的「行為主体」でもある。では、「理論」はどうすればそもそも存在し得るのだろうか？　「理論」とは何を意味するのだろうか？

社会学は世界のコスモポリタン化の科学的観察者であり社会的行為主体である

初めにありきは、言葉でなく驚きである。驚きが起こるのは、国家的な世界観についての思考と信条が、拡大されたコスモポリタン的な枠組みと成功する行為の空間という経験に対する防護とはもはやならない限りにおいてである。これは日常生活でも起こるが、ビジネスや政治においても起こるし、最後の例ではないが(いや、最後かもしれない)科学において起こる。

私はここで、コスモポリタン化された行為の空間について語ることが何を意味するのか、ここで社会学がどのような役割を果たすのかについて、医学的な監理下での腎臓移植がいかにしてある種の運命共同体を生み出すかを例にとって示したいと思う。

私たちの世界には、根本的な社会的不平等が目立つ。世界の階層のいちばん下には、飢餓、貧困、負債の悪循環から抜け出せない人々が数え切れないほどいる。極度の貧困から、そういった人たちの多くは最後の非常手段を取るのも厭わない。彼らは腎臓、肝臓の一部、肺、眼、精巣を売り、それによって非常に特殊な運命共同体を生み出す。WHOの推定では、一年間に行われる人間の臓器に関連する闇取引は一万件に及ぶという(Campbell and Davison 2012)。このように、富裕な地域の住民(臓器を待つ患者)の運命は、(身体が唯一の資本である)貧しい地域の住民の運命とつながっている。両方のグループにとって、非常に異なる意味だが、文字通り**実存にかかわる**ことが賭けられている。生命と生き残りにかかわる問題だ。その結果が、現代版の「腸内菌共生バランス失調」で、医療技術によって仲介された二つの身体の合体が不平等な世界の橋渡しとなっているのだ。

大陸、人種、階級、国、宗教が、関係する個人の肉体的状況において融合する。イスラム教徒の腎臓がキリスト教徒の血液を浄化する。白人の人種差別主義者が黒人の肺の助けを借りて呼吸をする。金髪の経営者がアフリカのストリート・チルドレンの眼で世界を見る。カトリックの司教が、ブラジルの貧民街の売春婦から取り出された肝臓のおかげで生き延びる。富める者の身体は巧みに継ぎはぎされたパッチワークと化し、貧しい者の身体は眼が一つだったり腎臓が一つだったりするスペアパーツの倉庫と化しつつある。このように臓器のばら売りが貧しい者たちの生命保険になりつつあり、彼らは将来、確実に生き残れるようにするため、自分の身体の一部を犠牲にして保険をかけている。そして、世界的な移植医術の結果が「バイオ政治世界の市民」である。つまり、インド人の腎臓やイスラム教の片目を装着した、香港やロンドンやマンハッタンに住む健康な、あるいは太った白人男性のことだ。

私たちが生きているのは、コスモポリタニズムの時代ではなく、コスモポリタン化の時代である。この根本的に不平等な身体のコスモポリタン化は、世界市民を生み出しているのではなく、「ドナー」と臓器移植者との間のやり取りもなしに、言葉を交わさずに起こっている。腎臓提供者と腎臓移植者は世界市場によって仲介されるが、互いに対して名前を伏せたままだ。それでもその関係は、両者の――形は違えど――生命と生き残りにとって重要な、実存的なものなのである。遠く離れている他人どうしを取り込むと同時に締め出すこの関係――これこそ私が「コスモポリタン化」と呼ぶものである――は必ずしも対話的なつながりや個人的な接触を前提としない。つまり、コスモポリタン化は「他者」との対話や直接的なやり取りを含み得るが、(腎臓移植や、国内と海外の労働者間の置き換えを引き起こすアウトソーシング資本主義のケースのように)言葉を交わさず、接触もしない非対称な関係という形も取り得るのだ。

こういったケースは、二一世紀の初めにおける**(非)人間の条件**の顕著な特徴を浮き彫りにする。人々がどう考えようとも――たとえ自分のことを反コスモポリタンだと定義しようとも――自分のなすべきことをうまくいかしたいならば、コスモポリタン化された行為の空間の意味を理解し、それを利用せざるを得ない。この強制的で実存的なコスモポリタン化は**事実**であり、規範的なコスモポリタニズムとは明確に区別されなければならない。実際、根本的に不平等な世界を物理的に結びつけている、ある種の帝国主義的な相互結合性である。

地球の南側から北側へ、身体から身体へと移植される臓器「新鮮な腎臓」は決して例外ではなく、圧倒的な勢いで進む発展を象徴している。愛情、親、家族、家庭、職業、雇用、労働市場、階級、資本、国、宗教、国家、主権についての社会的真実や概念は、コスモポリタン的変態の真っ最中だ。世界の他者は私たちの真ん中にいて、同時に私たちはどこかほかの場所にいる。

概念レベルでは、私たちは、コスモポリタン化の観察者の視点と行為主体の視点とを区別しなければならない。観察者である変態の社会学は、こういった目に見えない事実を見えるようにしている。それによって、社会学は社会構築のプロセスに参加している。公共社会学の役割は、内省のプロセスとして、国家的な見地からコスモポリタン的な見地への大きな飛躍に付き添う(ようになる)ことかもしれない。

コスモポリタン的理論化の重要性を決定づけるために、ロバート・K・マートン(Merton 1968)の「大理論」と「中範囲の理論」との区別を取り上げることは有用である。普遍主義的な理論という概念は、ここで問題となっているもの――普遍主義的な前提の変化――を分析的に排除するので、理論の普遍主義的な理解に従うことによって世界の変態を概念化することはできない。世界の変態を概念化・分析するには中範囲の理論化を私は勧める。アンダース・ブロックが主張するように、「私たちは理論化するのではない。概念化する」のである。中範囲での理論化は、経験的な野心と理論的な野心の両方を、実行可能なコスモポリタン的方法で出会わせ、組み合わせる。

コスモポリタン的社会理論は――コスモポリタニズムという社会理論は除外して――**必然的に**「中範囲」でなければならないという主張がもっともらしくなされると思われる……中範囲とは、マートンが言ったような、ある様式の理論化(「中範囲での理論化」)を意味する形容詞であるだけではない、と言えるかもしれない。さらに広げて、名詞(「中範囲」)として解釈することで、中間にある認識の合流点である交差点を意味するかもしれない。または動詞(「中範囲化する」)として、違いを超えた相互の交換という対話的なプロセスを指すかもしれない。この拡大された意味では、中範囲を目指すことは、コスモポリタン的理論化のレベルでの自己規制を意味する。統一理論、または普遍的理論を探し求めるというよりはむしろ、「世界中の他者」と出会うという、集合的で共有可能な経験と取り組む多様な諸観点の間に妥協点を常に見出すことができる概念的構造を構築することが課題になる(Blok 2015: 112)。

したがって、理論文化の据え付け場所、どこか——活気に満ちた理論文化としての日本や韓国、または米国、またはこの理論が欧州からくることを明らかにすること——からもたらされる概念の据え付け場所がなければならない。このことは強調され得る。コスモポリタン的理論化は、土台となるさまざまな歴史を社会理論にもう一度組み込み直し、対話的な「据え付け場所の空間」として想像され、体系づけられる必要がある。

世界の変態には三つの局面がある。

①**分類の変態**とは、世界の見方の変態のことだ。つまり、世界的なリスクやコスモポリタン的状況が社会学の基本概念の意味をどのように——たとえば、階級からリスク階級、リスク国家、リスク地域へ、国家からコスモポリタン化された国家へ、天変地異から解放的な天変地異へ、合理的資本主義から自殺的な資本主義へ、世代から世界リスク世代へ、など——変えるか、ということである。それは、北側と南側というパラダイムや、「西洋」と「それ以外」という新自由主義的な概念にはもはや組み込まれず、なおかつ、排除された世界中の他者を、国境を越える未知の関係性の中に含める世界の変態のプロセスである。

排除された他者はコスモポリタン的な理論化（診断的で中範囲の理論化）と研究の対象になる。

②**制度的変態**とは、世界におけるあり方の変態のことだ。機能している制度がなぜ破綻するのかという矛盾をテーマにする。世界的なリスクに直面して起こる変態は、一方では予想と認識されている問題との間に隔たりを生み、もう一方では既存の制度の間に隔たりを生む。既存の制度は、古い準拠枠組みの中では完璧に機能するかもしれないが、新しい準拠枠組みの中ではうまくいかない。したがって、変態の主な特徴は、制度が機能すると同時に破綻することだ。「変態によって空洞化した制度」とはこのことである。

③**規範的で政治的な変態**とは、世界的なリスクの隠れた解放的な副次的効果である、政治を想像して行うということに関する変態のことだ。要は、バッズについて語ることが共通のグッズを生み出すことにもなるかもしれず、これは規範的な視野が事実に基づいて生み出されることを意味する。だがそれは普遍的な価値観から来るものではない。経験的な真実に根ざしている。

＊1　ある意味で、シュメル・アイゼンシュタットによれば、枢軸時代の到来とともに、現世の（世俗的な）秩序と来世の（超越論的な）秩序との区別が初めて導入されたと言える。もしも来世と現世の秩序が詰まるところ区別できないものとされるなら、超越論的な来世の秩序のほうが優位にあるという問題は存在し得ないし、世俗の秩序の正当性という問題も存在し得ない。「それに対して、枢軸時代の文明においては、現世と来世の明確な分離という認識が生まれた。それに伴って、現世または来世のいかなる現実をも超える、より高い超越論的な倫理や形而上学的な秩序の存在が重視された」（Eisenstadt 1986:3）

＊2　こういった問題は、規範的な哲学的コスモポリタニズムと植民地主義との関係についての議論と混同されるべきではない（Köhler 2006 などを参照）。

第二部　主題

第五章　階級からリスク階級へ――変態の時代の不平等

なぜ社会的不平等の変態であって、変容ではないのか？　社会的不平等の変容（または社会変動）を究明する人々は、一般に二つのことを前提とする。

第一に、そういった人たちは社会的不平等を、グッズ（正の財）（収入、学歴、社会的便益など）の分配という点から考える。グッズとバッズ（負の財）の分配間の関係性やその分配の論理という問題はおろか、バッズの分配（さまざまな種類のリスクの分配構造における位置）のことは考えもしない。

第二に、彼らの疑問や思考、研究は、ごく自然なことだが、いかにグッズが国内あるいは国際的な参照基準の中で分配されるかの枠組みの中でのみ推移する。このようにして、人は、第二の天性となった方法論的なナショナリズムの眼鏡を通して不平等の分配を見る。この関連では、次の点が注目に値する。グッズの分配は実は、国レベルで計画され、観察される。バッズ――世界的なリスク――の分配は国の枠組みと決別する。バッズはコスモポリタン的枠組みの中でのみ、かつ次の二つの観点から見えるようになる。きわめて不平等な形の分配を理論的かつ実証的に探究するためと、政治的な答えを探し出すためだ。

両前提ともにある背景の仮定は、社会的不平等が国内秩序または国際秩序の再生産を前提としている。ここでの主要関心事は、国内で、もしくは国際的または世界的に、社会的不平等はどの程度まで大きくなるのか、または小さくなるのか、ということだ。マルクス以降、これは、社会経済的な階級や階級対立はどの程度までなくなるのか、または維持されるのか、または悪化するのかという問題をめぐる論争に変わってきた。フランス人の経済学者トマ・ピケティは、最近、『21世紀の資本』で世界的な成功を収めた。それは、ある種の予想に反してピケティが、二〇世紀には大部分において、あらゆる戦争を通じて、また福祉国家の発達によって、階級間の関係の再生産が常に行われてきたことを証明しようと試みているからだ。

グッズへの着目と国内外の二重性という志向は両方とも、社会的不平等の変化についての研究を促すが、同時に、社会的不平等という点では、依然として太陽が地球の周りを回っているというコペルニクス以前の世界観に不平等の研究を固着させている。それに対して、私は以下で、社会的不平等に関する考察と研究におけるコペルニクス的転回をいかに実現することができるかを問う。

社会的不平等や階級に関する従来の社会学や経済学は、変容や変化という問題に閉じ込められて、二一世紀初めにおける経験的な現実を無視している。それは、世界的な財政危機や気候のリスク、原子力のリスクの社会的・政治的な爆発性――言い換えれば、社会的不平等の変態そのもの――を無視している。一方、国家的な見方をコスモポリタン的な見方に置き換えることによって、新たな現実――変わりつつある力関係や社会的不平等の力学という新たなドラマ――が見えてくる。階級は「リスク階級」へ、国家は「リスク国家」へ、地域は「リスク地域」へと変態しているのだ。

一　従来の社会学はバッズ（負の財）を除いたグッズ（正の財）の分配だけに焦点を当てる

国家の階級社会はグッズ（正の財）（収入、教育、健康、繁栄、福祉、組合などの大規模な全国的な運動）の分配を基盤にしている。世界リスク社会の基盤はバッズ（負の財）（気候のリスク、金融のリスク、放射線）の分配であり、これらのバッズは、一つの社会の領土の境界線内にも、一つの時代の中にも閉じ込められない。

気候変動の時代における社会的不平等の変態を私がどう見ているかを明確にするためには、二一世紀初めの社会的不平等の概念化に関する他の三つの立場と区別することが有用である。これらの立場は、次の四項目に対してどの程度の重要性を認めるかによって区別できる。①グッズとバッズの再生産、②グッズとバッズに関する社会的階級の変容、③バッズを含めないグッズだけの分配、④グッズとバッズの分配だ。ここで最も興味深いグループは、実のところ最も支配的である「バッズを含めずにグッズだけに焦点を合わせるグループ」である。このグループはそのため、二〇世紀とおそらく二一世紀の歴史を通じた階級の再生産に焦点を当てる。そういうものとして、階級に関する従来の社会学を実践しつづけ、二一世紀初めの経験的な現実を無視しつづける。つまり、世界的な金融のリスク、気候のリスク、原子力のリスクの社会的爆発性――言い換えれば、社会的不平等の変態そのもの――を無視しつづけるのだ。

明確にしておくと、私がここで言及している階級分析における視点の移行は相当なものだ。このことは、古典派——マルクス、ウェーバー、ブルデュー——が皆、バッズを含めずにグッズの生産と分配に焦点を当てたことに気づくと明らかだ。彼らはリスクを、生産と分配の明示的かつ体系的な対象として理論化しなかった。歴史的背景を考えると、これはもちろん当然のことだ。マルクスの焦点は、搾取の関係に当てられている。ウェーバーは、権力と市場と変化との関係性に焦点を当てた。ブルデューは、生活において経済が果たす役割と社会的リスクを意識していた。とはいえ、ブルデューの分析はさまざまな形の資本を軸にし、長期にわたる階級間関係の全体的な継続性を重視していた。

世界リスク社会における社会的不平等の変態と急進化を理論化し、研究するために、私は**リスク階級**という概念を導入する。リスク階級は、リスクの位置と階級の位置の交差点に光を当てるものだ。

社会的不平等の診断における階級分析の認識論的独占と、階級の社会学の方法論的ナショナリズムは両方とも、「従来の社会学が、今日私たちが目の当たりにしている急進化した国家をまたぐリスク階級社会における権力関係の変化や平等闘争に直面して、周りが見えなくなり、方向を見失っている」という事実に、原則的に加担してきた。階級の変態は起こりつつある。社会科学における階級の変態についての理論と研究はまだ始まっていない。

理論と研究の変態は、国民国家的な偏向を批判することから始まる。コスモポリタン的観点の欠如を、科学的でかつオープンな形で明らかにし、それについて苦情を言うことだ。それこそが(実際に、とりわけ、ミクロ政治的不平等をめぐるささいな出来事と痛みにおいて起きているように)「世界的な観点」が当然のことと考えられるようになる過程を動かし始める。平等の要求に対する侵害——もはや国レベルだけではなく世界中で起こっている——を報告する新しい地図と、この抗議に視覚的な形を与え、新旧の通信網を通じてそれを広める恐ろしい映像がその後の役目を負う。グローバルとローカルの区別につながる考え方である「世界」が、社会的不平等の研究の領域になると同時に、その研究のコスモポリタン的対象となる。

バッズ(リスクと危害)が特定の国家の管轄にある時空間内で生み出され、その勢力範囲の境界を越えると、**変態**の第二の波または段階である「失敗の詳細な記録」が始まる。バッズとその影響およびコストは副次的効果の蓄積ということで事実上、存在しないものとして構成される。その影響とコストは、他の住民や他国、将来世代へと**外部化され**、それによって**ないことにされる**。国境は、どの不平等が「該当する」かを決定する力をもっているので、変態の重要な引き金であるということに私たちは突然、気づく。一方では、国境はバッズをバッズでなくする。もう一方では、こういった副次的効果とみなされるバッズは、制度化された義務や責任、法律、政治、社会科学、国民の注目から切り離されることによって、近代化の速さと範囲とともに大きくなる。バッズがもつ変態の力には、「不可視性の政治」が含まれる。人々は排除されるものを排除するので、そのバッズは「見え」ない。このように**変態**はバッズを外部化し、無視するのだ。これは何を意味するのだろうか? 変態の明らかに矛盾する二つの動きが起こっていて、観察することができる。グッズの生産と分配にのみ焦点を合わせることによって、バッズを実在(現実)と非実在(認識、理解)の両方の状態にするのだ。

私たちは、「世界観」を転換し、コスモポリタン的な準拠枠組みを当然のものと考えるようになるとすぐに、不平等の景観が激変したことに気づく。**グッズ**の不平等な分配を組み込むように設計された階級のカテゴリーは、**あまりに軟弱な**カテゴリーなので、平等と公正への期待のグローバル化という背景において、急進化している不平等という爆発的な現実を理解するのには役立たないことが明らかになる。世界的な不平等に関するこの規範的な世界観は、観察者の視点を示しており、その視点には国境の向こう側の排除された者たちが含まれる。そうなって初めて、気候変動という暴力とその影響——「ゆっくりと進む持続的な事故」と呼べるかもしれない——が政治的・科学的に注目されずに見過ごされることはもはやなくなる。

変態の次なる動きは、気候変動の時代において、「社会階級」という概念が**人新世《アントロポセン》階級**になるというものだ。つまり、社会的不平等に関する問題や懸念が地球の歴史の新たな地質時代にかかわるようになる。「人新世」の概念と、「社会階級」や「階級社会」の概念とが属する世界は異なる。おそらく属する歴史の段階すら異なるだろう。そこで私たちは、「どうすれば、そしてどのような条件の下で、社会階級と人新世の接続が可能に、いや必要にさえなるのだろうか?」という問題を提起しなければならない。私たちは、人々が生活し、世界的なリスクを経験する(そして、社会学者がこれをどう観察し、説明するかの)中に、変態の経験的証拠を探さなければならない。

それとは別に、問うべき問題がいくつかある。グッズの分析の下位にリスク分析を組み込んでしまう(グッズの生産と配分という文脈における)階級の論理において、支配的な定義の力はどこに位置しているのか? なぜリスクは、(国内の)階級の不平等と対立という論理を突破できないのか?

だが、相補的な逆の疑問も提示される。ここでは定義の力は、階級の不平等の分析を組み込むリスクの論理の方にあり、それは「世界的なリスクは、国内の階級の不平等に関する論理をどのように変えつつあるのか」と問う。

最初の疑問の方は、工業的成功が破局的な裏側をあらわにするよう強いられてきたことを述べている**連続性**の物語の一部である。その逆の疑問の方は、人類に対して予想される気候の惨事が最悪の(「ポスト階級的」な)不平等と対立を生み出しつつあることを述べている**不連続性**と**変態**の話である。どちらのケースにおいても「リスク階級」の概念が中心的であるが、二番目のケースでは、「リスク**階級**」ではなく「**リスク**階級」のほうに重心が置かれている。

これに続く一連の疑問は、気候変動の時代において何がグッズ**と**バッズの公正かつ公平な分配になると思われるかを踏まえて、こういったパターンを認識し、分析するものだ。最初の疑問の方がリスクの分配という問題に重点を置いたものだとすると、二番目の疑問の方は、プロセスおよび生産について、制度的取り決めおよび既存の法律についての問題とパターン、政治の見方、社会科学的知識の生産にも焦点を当てることによって、視点を広げる。ここでの変態は、不平等について、単に「既定のもの」であり、したがって「対処されるはずの問題」として扱われる記述的なパターンから不公正の懸念へと視点が変わることを意味する。

このようにして、「世界」という概念の(事実に基づく)規範性が出現する。この(不)公正の枠組みと着眼のおかげで私たちは、不平等のパターンはなぜ存在し、なぜ国という容器の内外のあらゆる社会的・経済的・政治的状況とつながり合っているかを理解することができる。そしてここで、理論の変態が不平等と不公正を記述することから説明することへと論点を変化させる。

変態の要点はこうだ。自然災害を見る**際には**、リスクと階級が組み合わさっていることが紛れもなく明らかというわけではない。「社会的公正」の規範的視野——つまり、批評!——が作用し始める場合にのみ、それが明らかになる。したがって、繰り返すが、「社会的不公正」の規範的視野が適用されることによってのみ、「リスク階級」が見えるようになる。良い例が二〇〇五年のハリケーン・カトリーナである。文献(たとえば、Walker and Burningham 2011: 217)に記録されているように、洪水の自然発生と洪水による物的破壊から、リスク階級の不平等という問題へと視点を積極的に変えるには、カトリーナの壊滅的かつ衝撃的な人種差別的影響が必要だった。

言い換えれば、ここには二つの意味合いが含まれている。公正という規範的な問題への注目を呼び覚ましたのは、洪水の破局的な社会的影響に対する記述的な視野では**なく**、まったく**その逆で**あった。「人種差別主義の洪水」を実際に経験したことが唯一、洪水と洪水のリスクの不公正**かつ**不平等な分配という問題に対する目と心を開かせたのだった。

社会的不平等と気候変動は、多くのさまざまな次元を結びつける。物理的プロセスとしての気候変動は、急進的な社会的不平等を再分配する力として理解されなければならない。それは、雨や風のタイミングや強さ、土壌中の湿度、私たちの周りの海面水位を変える。この再分配の力があるために、気候変動は、社会と自然をめぐる難題であると同時に、公正という問題を提起する。それは、気候変動が起こると、そしてその緩和策が展開されると、誰が得をして誰が損をするのかという問題である。したがってそれは、物理的プロセスとしての気候変動だけではなく、新旧の社会的不平等を持ち込む——生産および再生産する——政治的な気候対策であり、それをめぐる議論である。当然ながら、「脆弱性」という問題はかなり一般的になった。だが、階級の社会学においては、こういった社会的不平等の重要な新しい測定にはそれほど注目が集まっていない。ここで、変態のある特定の様相が視野に入ってくる。気候が変わりつつある局面において特定の国民や地域、または大陸をより大きなリスクにさらす生態系の状態、資産の分配、権力のシステムだ。「政治的対策の局面で誰がリスクにさらされるのか？」という政治の基本的な条件が示唆される。つまり、気候がどのように不平等を変えるのかを決定するものは二つある。変わりつつある気候や天候のパターンによる物質的損害や暴力と、気候変動対策の結果としての不平等だ。この結果、たびたび不公正に損害も加わる。こういった根本的な不平等は、「不可視性の政治学」のせいで認識されていないのである（第五章）。

二　沿岸洪水のリスクと河川洪水のリスク

「リスクにさらされた空間」の移行は、上記の諸点を説明する良い例である。洪水のリスクの不均一なパターンを分析するためには、研究の単位について決定を下さなければならない。**リスクにさらされた空間**とは何か？　そういったリスクにさらされた空間を、社会的または地理的に定義することができるのか？　洪水のリスクの地理的パターンだけを見ると、考え得る研究単位が二つ——①沿岸洪水のリスク、または②**河川**洪水のリスク——あり、これらは物理的に互いに関連し合っているかもしれないが、社会的階級の不平等と同じパターンをたどるとは限らない。

近年、イングランド、ウェールズ、スコットランドにおける沿岸洪水と河川洪水によるリスクにさらされているのは誰かについてのパターンの研究がいくつか完成した（Fielding and Burningham 2005;

Walker et al. 2003, 2006; Werrity et al. 2007)。これらの研究はそれぞれが類似の形態を取り、分配の不平等のパターンを特定することに焦点を当てている。地図情報処理システム(GIS)と統計的手法を用いて、環境局の公式の地図上に「(降雨によるものではなく、河川と沿岸の)洪水のリスクにさらされている」と示された空間を、国勢調査から得た社会的データと関連づける。主に、社会的階級と剝奪のパターンが取り上げられてきた。フィールディングとバーニンガムによって、住民を氾濫原の内側または外側にどのように配置するかについて、さまざまな手法が模索され、結論が方法論の選択次第であることや、そのような分析の中に不確実性が存在することが示された(Fielding and Burningham 2005)。

ウォーカーらは、最も先進的で複雑な分析を行っており、これにはいくつかの注目すべき証拠が含まれている(Walker et al. 2006)。イングランドには、環境局が「河川洪水の年確率が一パーセント以上」または「沿岸洪水の年確率が〇・五パーセント以上」として線引きしている区域に住む人が三三〇万人いる。この国民を、イングランドで最も貧しいほうから一〇パーセントの地域から、最も貧しくないほうの一〇パーセントの地域まで、剝奪の一〇段階に分けると、社会的剝奪のレベルに対する洪水リスクの輪郭が生み出される(Walker and Burningham 2011: 219–20)。

こういった実証的研究は、リスクの生産と配分は、階級配分の論理を変えるのではなく、強めるという一般的な主張を再確認しているように思える。イングランドにおける洪水にとどまらない膨大な資料の中にこのことを示す証拠がある。社会の脆弱性を研究する研究者たちは、経済的階級を、大惨事における損害に対する脆弱性を示す中心的な側面と考える(Cutter et al. 2003; Cutter and Emrich 2006; Oliver-Smith

1996; Phillips et al. 2010)。資金の不足は、住居と生活様式の両方を維持する能力——これが脆弱性を低める——と、災害の脅威が際立っているときに準備をする能力に直接的な影響を及ぼす。社会の脆弱性についてのより包括的でマクロ的な分析の一つ(Cutter et al. 2003)が明らかにしたところによると、米国の一部の郡が他の郡に比べて脆弱性が高いことは、個人資産の不足、経済の単一部門への依存、住宅戸数および借家(トレーラーハウス、借家人、都市部の比率)、下層サービス業の従事者の比率、インフラ依存などの一一の要因によって七六パーセントまでが説明されるという。この文献では、個人レベルでも地域レベルでも経済的に恵まれていないことによって、一部の住民が、洪水災害などの最も深刻な影響に対してより脆弱になってしまうことが、場所を問わず明らかなようだ。だが、洪水の地理的分布上の区別をしだすと、これも有効ではない。

洪水に関するデータを別々の単位——河川洪水地域と沿岸洪水地域——に分解すると、重要な相違が見つかるかもしれない。そしてそれが「人新世の不平等」が物語るものになる。つまり、研究の地理的単位の差異が視点を転換させる。

沿岸洪水を見ると、階級の違いが明らかだ。**河川**洪水を見ると、階級の違いはほとんどなくなる。

河川洪水の……特徴を見ると、貧困の深刻度が最大の人たちから最小の人たちまでの差異がほとんどなく、非常に均一である。それでもそこには、ある重要な政治的差異がある。最貧困層だけを、または主に最貧困層を襲う洪水は、副次的効果の闇に包まれてそこに没した、政治に関係のない洪水になるだろう。だが、(イングランドの)住民の中で恵まれた層を襲う河川洪水は、右派保守であるトーリー党の地盤を襲う非常に政治的な洪水である。そしてこれが、「副次的効果のベルリンの壁」を崩壊させ、選挙の間近にトーリー党政権にとっての重要問題を生み出す。これは、リスク階級に伴って洪水と国家との間に新たな種類の絡みができることを示している。

別個の人口集団に対する洪水の不均一な影響について考えることは厄介だということを認識する必要がある。こういったカテゴリーのいくつかは複雑に絡み合っている(たとえば、障害者は貧しい確率が不釣合いに高く、少数民族や女性、高齢者もそうだ)。こういったカテゴリーの全員が等しく脆弱なわけではなく、脆弱性は静的な特性というよりも動的な特性である(人々は脆弱の域を出たり入ったりする)。したがって、「脆弱なグループ」についての話は、洪水の不均一な影響に焦点を当てるための便利で簡単な表現を提供する一方で、この枠組みは慎重に用いる必要がある(Walker and Burningham 2011: 222-3)。

私たちはここまで、階級の位置とリスクの位置が(多かれ少なかれ)相互に関連する場合の「リスク階級」の解釈を見てきた。「自然階級」への変態は、リスクの論理の中心となる階級闘争の論理から始まるが、そこで止まる。だがこれだけで終わる話ではない。世界リスク社会では、世界的なリスクの論理が階級の論理を変態させる。この例を二つ挙げよう。

三　気候のリスクは二〇〇〇年の歴史をもつ南欧のワイン生産文明を激しく揺るがしている[*1]

一つ目の例は、リスクの分配は階級の論理をたどらず、その逆であることを実証しており、「人新世の階級」という概念の良い例にもなっている。「気候変動って、見えたり、聞こえたり、味がしたり、匂いがしたり、触れたりするの？」と尋ねる人には、「イエスだけどノーでもある」という答えがはっきりと返ってくるだろう。一方では、異常気象が増えている。フランスの長者番付の二七三位になり、気候変動を「捏造された問題」であり「いんちき」だとしているワイン生産者が、壊滅的な強さだった嵐を思い起こしている。二分の間に、最高級のボルドーワイン用のブドウ園五〇〇〇ヘクタールが「文字通り、めった切りにされた」と、そのブドウ園が富と社会的名声の源だったワイン生産者は語る。「ムッシュー、おそらく、これがあなたがたの言う気候変動なのですね」(Fichtner 2014)

ここでは、リスク階級特有の状勢が生まれており、そこでは気候のリスクが富裕層――この場合、世界一のワインを生産するブドウ園の所有者という、きわめて異例な富める人々――に影響を及ぼす。世界的な気候のリスクは階級の序列を変えつつあり、その結果、その序列を覆し、同時に社会と自然（ブドウ園）との関係性の中にそれを縛りつける。

だが、気候のリスクは破滅的な気候変動と混同されるべきではない。そうすることはいくつかの点において深刻な誤りとなるだろう。一方では、（気候のリスクによる損失を被った者すべてと同様）ワイン生産者は、人為的な性質が見えにくい破滅的な自然現象を相手にしている。前述したように、一般的な法則として、個々の事例においては、「自然災害」と「人為的災害」とを明確に区別することができない（そして、この際、自然災害の規模もまったく無関係である）。災害が人為的であり、したがって、その原因は意思決定や生産工程、道路交通量、航空輸送量、政治の無策などと考えられるというこの解釈が起こるのは、記憶や統計、気候変動についての公開討論の中だけだ。この解釈を受け入れる富裕なワイン生産者はこの世界にはいない。二〇〇〇年の歴史をもつ文明が脅威にさらされている。だが、これは二番目に重要なガイダンスだが、そのワイン生産者たちは実際の気候の危機を相手にしているのではなく、知らぬ間に近づいてくる脅威を人類にもたらす迫り来る将来の出来事として、そのような危機の予測を――つまり気候のリスクを――相手にしている。

異常気象は、フランスのワイン生産地全域でより多く発生するようになっている。夏の熱波や乾季の直後に豪雨や雹が頻繁に降る。冬と夜間の気温があまり下がらないので、ブドウたちは休むことができない。これらの明白な現象を否定し続けるワイン生産者はほとんどいない。

一方、この三〇年間は、過去一四〇〇年の中で最も気温の高い三〇年だったことを理解するのは簡単ではない。年間平均気温が一℃上昇したこと、大西洋と地中海がごくわずかに温かくなっていること、日々の気温がほんの少し上昇しつつあるのを理解するのは難しい。人間にはそのような変化を検出する生まれながらのセンサーがないが、ブドウにはある。「ブドウはやむことのないストレスに苦しんでいる」と言っているワイン生産者もいる。ブドウ園が混乱状態にあるのはフランスだけでなく、イタリア

やスペインなど南欧全体――常に温暖だったが、今では暑すぎるようになりつつあるすべての場所――がそうだ。（中略）

南フランス全体で、ワイン生産業者の暦は混乱している。成熟期間は着実に短くなっており、収穫期はどんどん早まっている。一九六〇年代にはブドウは一〇月に収穫されていた……が、今では収穫期は早まって九月前半にまで近づいている。高齢のワイン生産業者がもつ実証済みの経験は無意味になり、数十年に及ぶ天候の観察に基づく従来の経験則は今や無効だ……「嘆いてばかりいることもできるが」と、ワイン生産者ギガルは言う。「または、気合を入れて頑張るかだ」。ギガルは、フランス産ワインに再投資する計画だ(Fichtner 2014)。

したがって、世界一流のワイン生産者という上流階級の視点から見た「気候変動」は、気候変動のように感じられないが、意思決定を必要とする状況を呈している。（おそらく、そうすることで自分たちの富を確保し、伝統を守っていると信じて）気候変動の存在を否定する人たちは、破滅を加速し、必要な代替策をうまく利用できなくなるリスクを冒している。このことに照らして気候のリスクの存在を認める人たちだけが、急激な将来の破壊が影を落としている自分の財産の価値を低く評価する。まず、これは目に見える経済的影響(と目に見えない影響)をもたらす。南欧の貴重なブドウ園が絶滅の危機に瀕していると社会的に認識されると、たとえ破滅的な気候変動が将来的な危機を示しているにすぎないとしても、その経済的価値が損なわれる。だが同時に、気候のリスクを認識するとまず、その人自身の行動範囲内で対抗策を取ることが可能になる。だが、こういった対抗策は、異なる世界観――つまり、社会と自然との関係、られるものだ。

世界的な気候モデル、政治の失敗などを含む、コスモポリタン化された行為の枠組み――においてこそ取

この世界観においては、多くの側面をもつ概念である「テロワール」(生育環境が作物に与えるその土地ならではの特徴)が重要な役割を果たす。つい「土壌」または「地面」と言い換える場合もあるかもしれないが、実はこの語は同時に、新旧の自然物と文化的プロセス、歴史、法律、所有物、境界、アイデンティティ、そして(気候科学者たちの作った概念において見られるような)「世界の気候」の混合物でもある。テロワールは、世界の運命と自身の人生とを直結する回路を生み出している伝統や変化や脅威を明確に表現する。これがワイン生産業者の恐怖の根底にある。テロワールは、所有地、社会的地位、彼らのワインの典型的な特徴を意味し、そのおかげで世界市場が開拓され、それによって彼らの富と地位が確実なものになることを意味するからだ。

南欧の富裕なワイン生産業者という生まれつきの階級の位置は、気候のリスクという枠組みの中で、コスモポリタンに特有の二重の行為の場へと変容しつつある。一方では、気候のリスクは受動的で強制的な苦しいコスモポリタン化をもたらしており、それはワイン生産業者の仕事と行為の条件を根本的に変えつつある。気候変動の動作主となった天候は、彼らの富とアイデンティティの源を砂漠へと変えてしまう脅威をもたらしている日常的な敵になりつつある。ここで、「天候」は自立的に存在しているのではなく、その背後には気候変動を生み出したり否定したりする行為主体がいる。そういった行為主体は実存的な脅威で、敵か味方かという従来の論理には従わず、その代わりに、国や宗教、民族の区別を乗り越える。それでもやはり、自然、歴史、倫理、経済に関する私たちの在り方を奪う包括的な力のように思える。*2

その一方で、これはフランス産ワインに再投資する実際的な可能性を生み出す。

ブドウ園での作業の戦略は根本的に変わってしまい、ワイン生産業者の成熟プロセスに関する知識はこれまでになく増えている。実際、生産業者の道具箱は、気候の変化に対応するため万全の体制になっている。最大の難題はもちろん、ブドウの品種を変えることだ……。

だが、シャトーヌフはグルナッシュ種のブドウを育てるには気温が高すぎる地になりつつあるのだろうか？「シラーズ」として世界中に普及している品種「シラー」をなぜ植えないのか？ ローヌ渓谷というずっと北の地で晩生種のカベルネ・ソーヴィニヨンを育てるのはだめなのだろうか？ またはブルゴーニュ地方でさえもだめなのだろうか？ なぜ丘を上がったより涼しい高地にブドウを移すのではだめなのか？ または太陽の光を避けて丘の北面に植えるのはだめなのか？（Fichtner 2014）

バイオダイナミックな世界観を持つ哲学と結びついた特別なブドウの品種は、新たな世界市場を開拓することができる。このようにして、「持続可能な暮らしを送りたかっただけの」ワイン生産者のイザベル・フレールは「皮肉なグローバル化の小さな奇跡を完成させた。今では彼女のワインは大部分が日本に売られているのだから」(ibid.)。国内の視点に執着したままの人たちは敗者である。それに対して、コスモポリタン的な行為の空間に飛び込む人たちは、地元の伝統や暮らしを守る機会を作り出すことができる。だが「気候変動」という言葉は、特別な種類の惑星の脅威を含む。「かつて個々の世界――油絵のような世界――を表した名前、ロワールとローヌ、ブルゴーニュ、ボルドー、シャンパーニュ。詩の一節のような呼び名であるメドック、ポムロール、ポイヤック、ムルソー、シャブリ、エルミタージュ、ポマール。忘れられ、飲み尽くされ、終わった」(ibid.)

四　恵まれた場所がどのようにしてリスクのある場所に変わるのか

二番目の例は、グッズからリスクへの変態の事例である。重要な臨海工業地域とは、ニューヨーク市によって、「企業や水に依存する事業の密集地帯を含む海岸沿いの場所」と位置づけられている。一九九二年、そういった地域は、この形での継続的な利用のために保護され、そのような利用を奨励されるべき特区に指定された。こういった特権的な位置は、しかし、気候の専門家の目で判断し、地図上で区分けしてみると、リスクのある位置へと変わった。このように予想される破局の展望において、グッズを生み出すものは――潜在的に、あるいは実際に――**バッズの被害者**になった。なぜなら、そういった専門家たちはすぐに、こういった特区はひとつ残らず洪水と嵐に見舞われる地域にあることに気づいたからだ。こういった特区であり、洪水と嵐の潜在的な被災地である場所は、**変態**の対象になり、その存在の様式は、「グッズを生み出すもの」から、近隣のコミュニティを脅かす「バッズを生み出すもの」へと変化した。

このようなことはいかにして起こったのだろうか。気候のリスクの不平等と不公正の目を通してこういった産業や企業を見ると、さまざまな現実の解明に役立つ、問うべき――そして答えるべき――疑問は異なったものになる。今や、バッズの生産と分配の論理が、グッズの生産と分配を決定づけるのである。そうして、こういった気候の専門家たちは、この種の地域にある数多くの化学物質を列挙した。洪水や嵐が起こったときにそのコミュニティがさらされることになる化学物質であり、そこには、発ガン物質であるトリクロロエチレンや、肝臓や腎臓の機能障害を引き起こすナフタリン、脳などに影響を及ぼすノルマルヘキサンなどが含まれていた。これは、文化的視点の相違という話ではない。これは、予想される気候の惨事を考慮した場合に明るみに出た真実が原因となっている現実である。ハリケーン・サンディなどの災害に伴う過去の経験によって、副次的効果の外部化も、化学物質を保管する際の安全対策も崩壊したので、グッズを生み出す企業は、脆弱なコミュニティにバッズを生み出すものへと変化する。このような予想の視野においては、政府による組織的な無責任は破綻する。こういった洪水や嵐の頻度も強度も増していくことがわかっていて、脆弱なコミュニティがあることもわかっているならば、何もしないこと、行動を起こさないことは、民主的な政府の正当化の放棄である。政治的に活動的になることが、権力と正当化という議論のテーマになる。

気候のリスクは、「リスク**階級**」の概念を「**リスク**階級」へと変化させる。ここで、(原子炉の炉心溶融と同様に、富める者も貧しい者も、北側も南側も同様に危機に直面するような範囲の)人類にとってきわめて重要なリスクが明確になる。

「リスク**階級**」から「**リスク**階級」への転換は、「未来」や「公正」といった言葉の素性に大きく依存する。前述したように、皆さんは、現在の洪水や階級を過去から見るかもしれない。その結果、無意識に、国民国家や階級社会の準拠枠組みを当然のものと考え、そうして階級(リスク**階級**)によって支配される洪水を見ることになる。

リスクの生産と分配がいかに階級の不平等を変態させたかを理解するためには、ユーロ危機とその結果が良い例となる。そこで起こったのは、債権国と債務国、つまり欧州の北と南の間に分裂を生み出した、国家を超えた不平等の力学だ。これが各国の階層化――「リスク国家」の階層化――につながった。南の国々は、二流の「リスク階級」の位置に身を落とす一方、ドイツは「予想外の」帝国になった。同時に、債務国内のある社会集団全体が大きく落ちぶれた。年金生活者、中流階級、若い世代の経済状況が急激に悪化したのだ。リスクの生産と分配に関するこの力学は、欧州における国家を超えた国際レベルでの不平等の構造を、国内の不平等の力学と結びつける。これは、私たちが知っているような「国家」というカテゴリーでは理解できず、「リスク国家」という概念で理解できるものである。それはちょうど、気候のリスクの結果が「地域」といった従来の概念ではもはや理解できず、「リスク地域」という概念で対処する必要があるのと同じである。

五　展望

以上のことを踏まえると、三つの要点が見えてくる。

第一に、コスモポリタン的観点をもつことで、人々やコミュニティを、潜在的な脆弱な**被害者**と見る視点から、主張し、獲得し、守るべき権利をもった**市民**と考える視点へと、焦点が移行する。気候の災害を公正の問題と認識するならば、存在する不平等と脆弱性のパターンを対処するべきリスクとして扱うよりも、それらのパターンが公正かどうかを問う必要がある。

第二に、コスモポリタン的観点は、「誰が」という問題を提起する。研究と政治的行為の単位はもはや、前提となっている国境の中の地理的に規定された(洪水などの)リスク地域によってあらかじめ規定された「既知のもの」ではないからだ。この「誰が」という問題は、こういった考え方や見方の「既知の」壁や境界を超える。バッズの生産と分配に焦点を当てることによって、それらのバッズが影響を及ぼす地点――その発生点とは明らかに結びつけられていない――も含めなければならないし、バッズの伝播と動き――日常的な認知力では見えなかったり追跡できなかったりすることが多い――を見なければならない。(副次的効果として構築されている)この社会的不可視性を克服するために、研究の単位は、国や地理では切り離されているものを結びつけなければならない。これこそまさにコスモポリタン的観点が目指すものである(「方法論的コスモポリタニズム」)。

第三に、「誰が」という問題に加えて、コスモポリタン的観点は、「リスク**階級**」と「**リスク**階級」という二つの異なる形を結びつけることによって、「なぜ」という問題――なぜ気候の不平等のパターンが存在するのか――を理解するのに役立つかもしれない。こうしてグッズの性質と対立する世界的リスクの性質がはっきり見えるようになる。グッズは物事――機械、建物、身体、食物、学位(博士号など)――である。世界的なリスクは、完全に異なる性質のものだ。それらは、知識の中に社会的に構築される。想像されるさまざまな種類の世界の終末を思わせるような大惨事に合致する予想、想像、確率、可能性、願望などだ。したがって、世界的リスクの政治学は、まずは元来、**知識の政治学**であり、それは以下の三つの疑問を提起する。①関連するリスクが生み出すものや技術の有害さと、その大きさを誰が決めるのか？ 責任はそういったリスクを生み出す人たちやそれから利益を得る人たちにあるのか？ それらのリスクによって影響を受ける人たちや受ける可能性のある人たちは、含めるのか除外するのか？ ②私たちは、異論のある知識や、自分の知らない、伝統的な意味では将来も決してわからないであろう知識をやむを得ず扱っている世界で、何を十分な証拠とみなすべきか？ 誰がこれを決めるのか？ ③危険や被害がある場合、被災者への補償について誰が決定し、将来の世代が直面することになる実在のリスクを確実に減らすよう誰が留意するのか？

＊1 詳細については、Fichtner 2014 を参照。

＊2 この意味で、気候変動と闘うことに知的にも政治的にも膨大な力を注いでいる著作で知られているブルーノ・ラトゥールがフランスで有数のワイン生産者一族の出身であることに留意するのは重要かもしれない。

第六章　権力はどこへ行くのか？　不可視性をめぐる政治

本章では、世界リスク社会における権力の変態の問題点を取り上げる。どのような条件の下で、通常のリスクが世界的なリスクに変わったり、またその逆が起こったりするのだろうか？　世界リスク社会における権力関係の構造はどのように変態するのだろうか？　そして、社会的な定義や再定義の確立を可能にする支配のための資源をもっているのは誰なのだろうか？

主要な社会的・物質的関係における歴史的な変容を分析するためのプリズムとして、変態の理論を用い、既存の権力関係を把握する際には、権力のカテゴリー的・制度的変態――**支配の関係性としての定義の関係性**――を考察するための、新たな時間診断的な概念を導入する必要がある。この中範囲の概念は、コスモポリタン的理論化と研究の中心となる可能性があるもので、リスク評価・管理の表面的な「合理性」に切り込み、世界的なリスクの社会的定義の根底にある権力構造と動作主に対する展望を国内的にも世界的にも開く。

このように、変態の視点をとることで、権力と支配に対する焦点を、現代のグローバル資本主義における(マルクス主義的な意味での)「生産の権力関係」から、世界リスク社会における「定義の権力関係」へと移行させる。「定義の関係性」に関して、動作主(専門家、国家、産業、国内・国際機関)の資源および力と、何が世界的リスクであって何がそうでないかについての社会的解釈と評価を決定する基準、規則、能力について触れる。とりわけ、不可視性をめぐる政治、証拠の基準、補償の基準がある。(放射線や気候変動のような)感知できないリスクを、どの程度まで一般の人々の目に見えないように、そして知覚できないようにすることができるだろうか? 不可視性をめぐる政治は、実存するリスクがわからないという状況をどの程度まで生み出すのだろうか?

権力の変態には第二の側面がある。「世界的な」リスクか、「通常の」リスクかを誰が定義するのだろうか? そして、いかなる象徴的な戦略や定義の手法が適用されるのだろうか?

制度的な変態とは、世界における在り方の変態のことだ。ここではこのことを裏づけるために、機能している制度がなぜ、そしてどのようにして破綻するのかという矛盾を分析する。社会変化のレンズが変態のレンズに置き換えられて初めて、新たなコスモポリタン化された活動分野に対する視界が開ける。このような――生産関係と相互連関すると同時にそれから切り離された定義の条件を概念化し発見することから生じる――権力の変態は、コスモポリタン的理論化の中心となり、方法論的コスモポリタニズムの実証的研究の単位となる。それは制度的な変態の解明を助けるので、「前進的問題移動」(Lakatos 1978)である。そして、この解明は人類にとっての実存的なリスクについての操作された無知という事態に直面して、国内に限られ国内に根拠を持つ司法や法律の基準と、因果関係についての普遍的な科学的規範が、なぜ機能すると同時に破綻するのかを検証することから始まる。

社会変化の視点は、だから、国内法、公正の原則、平等、議会、政府、専門家(「認知的文化」)の間の関係性の移り変わりなど、権力の歴史的な変態を見逃す。

考慮に入れなければならない規範的・政治的な変態もある。定義をめぐる権力関係に応用される民主主義と公正の規範は、**革命**の変態を見えやすくする。定義の権力関係を対象とした「革命」は、マルクス主義的な革命の概念が起こることが予想されるところでは起こらない。たとえば、かつて左翼が中南米で行ったように、革命的な運動を支援する必要はなく、たとえばリスクにさらされている住民のうち最も貧しく最も脆弱な人たちに線量計を配ったりするための資金を集めればよい。このようにして、かなり小さな介入によって、定義の関係に組み込まれた権力の独占を変えることができる。生産の権力関係を覆す(社会主義革命)のではなく、まずは、すべての個人に線量計――つまり、人々の生活環境に取り込まれている放射線量を測定する手段――を配るのだ。

一　不可視性をめぐる政治

世界的なリスクは基本的に、不可視性の問題によって特徴づけられる。この不可視性の問題は元来、権力の問題とつながっている。定義の関係についてのこの新しい景観を分析するためには、高度に文明化されたリスクの**自然な**(「所与の」)不可視性と、**作られた**不可視性(不可視性の政治)との間の時間診断的な二重性を紹介することが有用である。

世界リスク社会の典型的なリスク――たとえば、気候変動、原子力や金融投機に関連したリスク、遺伝子組み換え生物、ナノテクノロジー、生殖医療――は、(相乗効果や閾値効果を多く伴う)その経過と効果がますます複雑になっており、その範囲は時空間にますます広がっている。その複雑性と時間的遅れのために、それらは——逆説的に——**自然な**不可視性を特徴とする。皮肉なことに、リスクの生産と性質が複雑になればなるほど、そしてリスクの生産とその定義がますます世界的な相互関連性に依存するようになればなるほど、こういったリスクの不可視性がますます「自然」になる。

放射線のリスクの不可視性を目に見えるようにしたのは、メディア的大事件としてのチェルノブイリの惨事の余波である「人類学的な衝撃」だった(Beck 1987)。「放射能雲」を西に運ぶ風の吹いてくる方向が肝心で、欧州の全住民が——階級や国を超えて——、自分自身の生命や子どもたちの生命という実存的な問題において、メディアの説明や人の話、互いに言い争う専門家と反専門家たちに完全に依存する、ということを経験した。人々はまた、技術的な機器や地図、噂、日常生活に入り込む未知の専門用語を駆使する競合する理論にも依存していた。すべてのリスク——(煙を出している煙突など)局所的なリスクではない——が自然な不可視性を特徴とするわけではない。そうであるのは、世界的に生産され、分配され、定義されるリスクである。メディアやその他の社会制度が提供する情報がなければ、市民は自分たちの生命や自分の子どもたちや隣人たちの生命を脅かすリスクにも気づかない。世界的なリスクを経験できる直接的な要素はないし、単純で感覚に訴える常識的な証拠はいかなるものもない。科学的に認知されない(放射線や気候変動の)世界的なリスクは、法的、医学的、技術的、または社会的にも存在しないし、したがってそれに対する予防や対処、補償はなされない。

自然な不可視性は、リスクの定義を司る制度的な権力を暗示し、それを何倍にも大きくする。市民が自分たちの生命に対する目に見えない脅威を見えるようにしない限り、世界的なリスクを定義するすべての権力は、制度(専門家や法制度、産業、政府など)の「手」中にある。後述するように、世界的および国内のリスクの定義という文脈では、リスクを被る国家は重要な役割を担うことができる。

世界的なリスクには顕著な特徴がある。そういったリスクは二重の実存的な脅威をもたらすのだ。一つは市民の生命と主権に対する脅威で、もう一つは、国家の権威と主権に対する脅威だ。国家は、国家の可能性でさえも、基本的にはその国民の安全と安心を保障することが前提である。世界的なリスクに直面してそれができないことを認め、受け入れるような政府は、自らの正当性も存在も脅かし、政治の変態に巻き込まれる(後者の例が、フクシマの災害後にドイツが行った原子力エネルギー政策の転換である)。このことが示しているのは、国家の権威と社会的・政治的秩序の再生産を安定させるためには、不可視性の政治が重要な戦略である、ということだ。その方法は、世界的なリスクの存在と、「環境またはリスクの割り当て」というその帰結および大部分の住民の健康に及ぼす影響をいずれも否定することによって、である。

不可視性を作り出す過程——つまり、不可視性の政治——において、自然な不可視性が手段として利用され得る。積極的に何もしないことが、放射線や気候変動のような制御不能なリスクや果てしなく広がる大惨事の制御性を「装う」ための最も費用がかからない、そして最も効果的で最も強力な政治的戦略である。

目に見えないリスクの存在を一般の人々の視界からほぼ完全に消すことは、チェルノブイリの惨事後のソヴィエト連邦といった特定の政治システムに特有なわけではない。こうしたやり方は西洋の民主主義国にも見られる。ここでも、リスクを制御するために設計された制度は、破綻すると同時に破綻しない。そのような制度は、こうした世界的なリスクに対処する方法についての考えや答えがないために破綻する。

一方、その不可視性の政治がそのようなリスクを人々の目から隠しつづけるので、制度は破綻しない。ここには、「破綻の機能性」または「機能失調の機能性」と呼べるかもしれないものが見てとれる。世界のあらゆる国々で、あらゆる種類の感知できないリスクが「それらのリスクを生み出し、そしてそれを規制しない行政機関の援助を受けている業界によって、絶えず見えなくさせられている。タバコ業界は喫煙の健康への影響を一般の人々に見えないようにしようと努めてきたことで悪名高い」(Kuchinskaya 2014: 159–60)。だが、これは同時に、変態をめぐる政治の歴史的な例である。長期に渡る国内および世界的規模の闘いを通じて、不可視性をめぐる権力と政治に打ち勝ち、それを可視性の政治に変え、最も強大な力をもつ業界をも屈服させ、大半の市民に対する喫煙の健康的リスクを認めさせることができることを実証した。

化学業界は、殺虫剤が健康や環境に及ぼす影響を認めることへの反対運動を行ってきた……歴史的・社会学的研究によって、企業側が危険な毒素を人々の注意の対象からはずすために用いたさまざまな戦略の証拠が明らかにされた。その戦略とは、有害性についての公開討論を再構成する、科学的な合意が得られている偽の討論を推進する、批判を封じる、危害についてのさらに強い証拠に対抗するための調査をとりまとめる、被害者の遺伝子構造や生活様式のせいにする、環境への影響を否定し、モニタリングが時間的にずれているだけなのに健康への影響がないと示して見せる、などだ。これらの戦略は、事故の結果として生み出される危害の場合だけでなく、日常的に生み出されている危害の場合にも使われる。実際、気候変動でさえ、直接的に感知できないものであり、人々の目に見えるようにする必要があるのに見えないようにしようとする利害関係者がいる、複雑な現象なのだ(ibid. 160)。

だが、同時に私たちは、変態の視点に限界線を引かなければならない。リスクの定義に関する権力の景観を拡大的に分析する際に頼りにできる唯一の真実といったものはない。変態の分析の基準になるのは神の目という真実ではないのだ。リスクが一般の人々からよりよく見えるようになるには視点の変化が必要だ。分析の焦点は、定義の権力関係に依存する感知できないリスクが公に認知される場合の力学へと移る。一般の人々の目に見えるかどうかは、誰の声を聞くことができるのか、そしてどのグループが制度的・インフラ的支援(調査)の手段を「手にしている」かによって決まる。

不可視性の戦略の範囲を広げるためには、影響を受ける時間、空間、人が無制限である**大惨事**と、それが厳密な制限によって定義される**事故**という概念とを区別することが有用だ。果てしなく広がる大惨事と制限のある事故とを混同するということは、感知できないリスクを通常のリスクで(放射線を自動車事故で)見えないように覆い隠すということだ。ここからシンボル操作の政治の戦略が生まれる。制限のない大惨事が、制限のある事故として枠にはめられ、「管理」されつつある。

一方では、リスクの調査が始められているが、もう一方では、きわめて重要な問題——時間、空間、影響を受ける社会集団の範囲と調査が限られていること——についてたずねられないように組織されている。世界的なリスク、あるいは放射線のリスクは、死亡者数との因果関係によって定義され、まだ生きている人が深刻な健康上の問題を被っている人はすべて除外される。まだ生まれていない将来世代への影響も除外される。因果関係の標準的な基準が適用される。「非居住区域」——そこでは、国による食品放射線量規制や子どもを対象とした健康回復政策などの「復興」に向けた行政の取り組みがなければならない――を制限する。リスクの程度や住民の変わりつつある生活条件を観察することを規制する。そして、放射性物質のデータに対する選択的な手法を推し進める。これによって、政策の範囲、取り組み、コスト、特化した措置が制限され、そうして私たちの知らない状態と、進行中の大惨事の拡大との両方を――そしてもちろん、実際的な答えを探さないという洗練された戦略も――生み出す。もう一つ、非常に効果的な不可視性の戦略がある。健康への影響から、経済コストや経済行政上の問題へと焦点(準拠枠組み)を移すことによって――つまり、経済的な制約を強調することによって――見えなくさせるのだ。

これは矛盾のように見えるかもしれない。チェルノブイリの事故の一つの結果は……大規模な放射能汚染だったが、放射能汚染という話題が報道機関による関連報道の主な焦点になったことはなかった。むしろ記事全体の九〇パーセント以上が論じたのは……社会経済的な問題で……汚染地域でどのようにして生活するか、誰が避難すべきかという議論は、資金調達の問題や国際支援への期待に直接結びついていた(Kuchinskaya 2014: 91)。

二　作り上げられた不知

世界的なリスクについての私たちの知識は、科学と専門家に大きく依存している。制御不能な目に見えない実存的なリスクに誰もが直面している世界では、科学と専門家が権力を持つ中心的制度である。だがリスク社会における科学と専門家はますます矛盾する役割を演じるようになっており、それはその正当性と権力を深刻に揺るがせるものだ。たとえば、原子力産業や原子力の専門家たちは、二つの顔をもつ神ヤヌスのような立場にある。リスクを生み出す者であると同時にリスクを査定する者でもあるからだ。このことによって、リスクの定義関係において、それらが基盤とする権力上の地位が弱体化する。

原子力産業と原子力の専門家たちにおいては特にそうだ。一九八一～九七年まで国際原子力機関（IAEA）の事務局長を務めたハンス・ブリックスは、チェルノブイリの事故から五年後にこう主張した。「原子力の未来は基本的に二つの要因にかかっている。それは、原子力がどれだけうまく、どれだけ安全に運用されるかと、どれだけうまく、どれだけ安全に運用されると思われるか、である」(Fischer 1997: 171)。このように、国際的に組織された原子力安全の専門家という知識共同体は、専門家と一般の人々――特に影響を受ける住民たち――との間に境界を再び設けることによって、不確実性領域に対する自分たちの支配を確かなものにしようとした。専門家の合理的かつ科学的な結論に対して、「非合理的で無学、感情的でときにはヒステリックでさえある」大衆という並べ方をしたのである。

変態は、無自覚という概念と深くつながっており、この考え方には深く永続的な矛盾が組み込まれている。一方では、それは知識に固有の限界を強調する。特に、知り得る知識もあるが、知りたいという意欲を呼び起こさない知識もあるという事実や、ナノテクノロジーや生体工学やその他の新興の科学技術には、知り得るリスクだけでなく私たちがまだ知り得ないリスクも含まれていて、社会がリスクを認識し管理する能力に対する根本的な限界を呈しているという事実が強調される。この「再帰的」無自覚の状態は、遺伝子工学、生殖医療およびそれらの応用の可能性を追求するための(天候などの)リスク調査に対して重要な難題をもたらすだけではない。もっとはるかに大きな意味がある。それは、政治や科学だけでなく、日常生活の場面における意思決定の実存的な瞬間を特徴づける、知らないことと世界的リスクの同時発生であり、共存である。知らないうえに無自覚であるという状況で、どのように生き残り、どのように意思決定をするのかは、家庭や国内・国際組織のあらゆるレベルでの意思決定における、二一世紀初めの架空ではない実際の実存的な問題なのである。

日常生活における生命を脅かすようなリスクを想像できなかったり感知できなかったりすることに、どのように対処するのか? ある特種な個人化のプロセスがある。「事故後二〇年以上経ち、チェルノブイリの放射能についての逆説的な事実は、個人が自分の体内汚染線量の責任を負っているということだ……。つまり、人々は自分の放射線量を決めるが、自分自身が選んだ環境にいるわけではない。こういった環境は、放射線、地理、経済、文化、インフラなどの要素が独特に絡み合っている」(Kuchinskaya 2014: 39)

影響を受ける一般の人々に、個人化された様式を変えるよう求めることでは、この「リスクのある状況」の根本にある構造的な不可能を解決できない。だが放射能汚染は、無自覚と危機について既に知られている状況のほんの一部にすぎない。その他の部分としては、個人や家庭が、放射線のリスクを緩和し、自分自身への照射線量を減らすために、矛盾する専門家の情報に頼りながら見えない危機に対処する方法をさぐる実践を鍛えなければならないことがある。これは、「きつい仕事」であり、社会経済的状況と、現地の定義を司る制度的関係によって、結果が大きく異なってくる。「餓死するよりは放射能で死んだほうがよい」という人もいる(Kuchinskaya 2014: 40; cf. UNDP et al. 2004: 33)。この発言からもわかるように、経済状況次第で非常にさまざまに意見が分かれる。ここにもまた、「リスク階級」の不平等が見られる。または、より理論的な言葉で言えば、この場合、定義関係が生産関係に従属している。

知らないことを認めることはたやすいが、見えない未知のリスクと共に生活するのは簡単なことではない。オルガ・クチンスカヤの研究が示しているように、影響を受けるグループが放射線の危険性について考え方を共有しており、同じ対策を実践していると期待するのは誤りである。その人たちの考えは非合理的、直感的、経験的であって、時間の経過とともに変わらないものとして提示するのも誤りだ。その反対である。放射能のリスクについて「ひとりの個人が複数の視点をもっていることもあり得る」

大半の個人が異なる考え方を表明することができるし、その人たちは、前後の状況に応じて、そして話している相手によって自分の主張を変えることもできる――そして、そうする。たとえば、同じ人が、ある状況(たとえば、チェルノブイリの給付金を要求する、子どもたちに教えている、あるいは地元の行政官と話をしている、という状況)では、チェルノブイリは「健康に重大な結果」をもたらしたと主張し、一方で自分の日常生活においては無関心な立場を装っているかもしれない(Kuchinskaya 2014: 41-2)。

そして、リスクのある状況にいる人々は、「人新世の状況」にもある。

経済状況が困難だと、個人庭園区画、森林、原野の草地など、タダの資源にますます依存するようになる。同時に、チェルノブイリの放射能汚染は森林や野原の表層に蓄積される傾向があり、数多くの措置によって、放射性核種が効果的に私有地に移される。たとえば、住民たちは、飼っている畜牛を原野の草地に送り、すると——放射性核種を蓄積しない特別な種類の草が意図的に植えられた牧草栽培地に放牧できるのでない限り——牛乳やその他の乳製品とともに放射性核種を消費する。汚染された牛の糞が肥料になり、それによって私有地が汚染される。多くの地元住民が森から切り出した薪を家の暖炉にくべ、その暖炉が「個人所有の原子炉」となる。そしてその灰が土の肥料として使われ、汚染のサイクルが続いていく(ibid. 43)。

放射能そのものも、それに対処するための資源も、平等に配分されていないし、構造的なものだ。同時に、放射線量は個人化されつつある。食料品店で売られるものは放射線量の規制を通らなければならないが、個人的に生産しているものをその必要がないと仮定しよう。

お金をかけずに森からとってきたものの消費は、望んだことというよりも、必要なことかもしれない。経済的な脆弱性が高いことが、被曝リスクが大きいことにつながり、皮肉なことに、森林の自然資源がこの関係性の仲立ちとなる。社会経済的特権と森林利用、リスク配分の間のつながりは、コミュニティ・レベルと個人レベルの両方で見受けられる(ibid.)。

自然から文明の脅威へのこの変態は、「環境またはリスクの割り当て」とも呼べる新しい何かを生み出す。それは歴史上新規の、自然と資本と成果の評価切り下げであるが、他方で、生産(所有)関係と、ときには商品の性質さえもが変わらないままだ。

もう一度「権力はどこへ行くのか?」という質問を取り上げると、私の答えの最初の部分はこうだ。「世界的リスクをめぐる権力構造は、(国家的見地が示すように)国家にだけではなく、専門家の認知文化に焦点化される」。私たちが、社会変動の制度化されたパラダイムの中でリスクを研究する限り、権力と不可視性をめぐる政治は目に見えないままである。変態の理論のレンズを通して見て初めて、定義の関係性とその歴史的な問題化が見えてくるのだ。リスクをめぐる現実と政治という新しいテーマと領域が、分析に対して開放される。法律は、国内で考えられ、制度化され、限定されるものであり、世界の他の国の地域の住民や国民がリスクに対してどのくらい脆弱で影響を受けやすいかを考慮することはできない。コスモポリタン化という条件の下では、こういったやり方はあらゆる矛盾を生む。たとえば、福島原子力発電所事故後の出来事に、こういうときによく使われる戦術が見られる。日本政府は、データを公表せず、子どもも含めて放射線被曝量の限界値を二〇倍まで引き上げることによって、この大惨事の範囲を小さく扱ったのだ。

私たちは、専門家の世界的な知識共同体による、リスクの定義についての二つの異なる権力モデルを区別する必要がある。専門家がリスクの産出者でもあり評価者でもある**原子力**モデルと、気候を専門とする科学者たちが副次的効果の専門家である**気候変動**モデルだ。

三　不可視性をめぐる政治——原子物理学

原子力モデルにおいては、リスクを定義する専門家たちが自分たちの生み出す原子力のリスクの産出者でもあり評価者でもある。彼らの権力構造は、原子力業界の力と、彼らの濃密な相互結合性と国の官僚機構との協力関係によって決まる。その主な帰結が、影響を受ける住民や、最悪の場合は人類全体に対する原子力のリスクの制御不能な性質を彼らが認めればいつでも、業界や国家の利益だけでなく、**自分たち自身の**きわめて大きな利益も侵害することになる、ということだ。

政治的支配の場合、民主主義の発明と遂行が権力分立という規範をもたらした。原子力複合体の主な性質の一つは、定義の権力の分立が**ない**ことである。言い換えると、原子力の専門家の権力は、原子力のリスクの「執行役」と「裁判官」が一致している中で構成されている。リスクを生み出す人たちとそれを診断する人たちの間に、制度的な分離がないのだ。実際、これに関する疑問は、専門家の判断の特徴である「科学的合理性」を基準にしてはねつけられる。このように、議論のテーマは予防的で制度的な形で取り決められる。リスクを診断するための(研究)資源を入手できるのは誰か？　提起される研究上の問いを入手できるのは、または提起されない研究上の問いを入手できるのは誰か？　資金や研究結果の公表は？　この議論に参加できるのは誰か？　誰が責任者になるのか？　沈黙を保たなければならないのは誰か？　原子力のリスクの場合、これらは結局のところまったく問題ではない。なぜなら、リスクを生み出し、診断する専門家たちが、世界的に——国家に対しても、国内の法制度に対しても——定義を思いのままにしているからだ。

西洋の原子力業界が持つ定義の権力は、世界的に組織化されている。クチンスカヤやその他の多くの研究でまとめられているように、「国家レベルでの十分な国際的支援が不足している点において、懸命に取り組んだ末に何も見つけられない国際的な調査において、そして地元の科学者の研究を無視し、影響を受ける人たちの生活様式やその人たちの放射能に対する恐れを非難する報告書において」(Kuchinskaya 2014: 160)それは明らかだ。

このことを考慮に入れると、驚くべき事実が見えてくる。主に原子力による大惨事という結果に脅かされている「リスク国家」は、国際的な原子力専門家と彼らの組織による権力独占を打ち崩すことを目的とする場所および行為主体として組織される。国際的な専門家と国内の専門家が集まる委員会や会議で、抑圧された事実が浮き彫りになることによって初めて、不可視性の政治が疑問視される。中でも、多くの博士たちが、無害とされている地域と、二つの疑問——どの賠償請求が正当化されるのかを規定する閾値がなぜ絶えず変えられているのか、そして、どの地域の住民を避難させなければならないのか——を放置してきたという事実がそうだ。興味深いことに、こういった矛盾こそがまさに、国際的な原子力専門家のいう「無害」についての融和的な診断に対する、リスクにさらされた国の反対意見を刺激するものなのだ。「ベラルーシの科学者たちは、それに代わる自分たち自身の考え方を提言した。彼らの考え方からすると、人々は汚染されていない食べ物を入手できない場所や、通常の日常生活が制限されなければならない場所には住めなかった」(Kuchinskaya 2014: 71–2)

崩壊しつつあるソ連から、独立したソ連解体後の新国家への移行の過程で、地元の専門家や国内の政治家たちから成る国民的な抵抗組織が形成された。国際的な原子力専門家組織と対照的に、彼らはチェルノブイリの結果を、この後のさまざまな社会的・政治的影響を伴う「国全体に及ぶ大惨事」の状況だと認めた。その結果として生じる対立は特に、こうして汚染されたと思われる地域に住み、そこで働く人々の賠償請求を中心に展開した。だが、この認定の方針は、その後に発生する始末に負えない額の費用が焦点となるという事実によって妨げられた。それと同時に、この新しい独立国家が西側の市場経済へ統合されるには、前提として、チェルノブイリの影響が除去されなければ、あるいは見えなくならなければ(見えなくされなければ)ならないことが強調された。

強大な力をもつ原子力のリスクに関する国際的な専門家たちと、現場の複雑なリスクを経験し分析している地元の専門家たちとの間の対立と意見の不一致は、依然としてほとんど研究されていない少量の放射能の長期的な影響がどのように扱われているかを見ればわかる。短期的には許容線量という区分に入る放射線量が長期的にどのような影響をもたらすかは誰にもわからない。多かれ少なかれ放射線に汚染された地域は、このような研究に理想的な機会を提供した。だが、それに対応する研究プロジェクトに資金を提供しようとする試みは、IAEAや西洋の原子力専門家たちの抵抗にあって挫折した。中でも彼らが主張したのは、「衛星を利用した自分たちの監視システムの助けを借りて状況を制御できている」ということだった。ここで留意すべきなのは、この抵抗は必ずしも、単なる「権力の独占の擁護」と解釈できるわけではないということだ。そうではなく、自分自身の地位の合理性への信念こそが、権力についての疑問を排除し、それによって権力の座を支え、守るものなのである。あらゆる形の反対は、合理的ではないと特徴づけられ、稚拙な素人考えでヒステリックだと片づけられる。「そこには、原子力発電所は安全性に問題がないと説く(世界的に組織された)原子力ロビーが存在するのだ」(Kuchinskaya 2014: 124)。彼らは、自分たちの持つありとあらゆる手段を使って、原子力産業の未来を守る。

四　可視性をめぐる政治——気候科学

一般の人々の可視性を生み出し、それを維持することはどうすれば可能になるのだろうか? これまで見てきたように、原子力のリスクの場合、一般の人々の可視性は、国際的な知識共同体とその組織の世界的権力に対抗する、最も被害に苦しむ国によって局所的・全国的に支持される(地元の)専門家の反対意見にかかっている。「自然な」不可視性があるために、そして、それゆえに実際の状況と保護の基準を絶えず批判的に検証する必要性があるため、独立した専門家の対抗力にかかっているのだ。つまり、最も被害に苦しむ人たちでさえも、科学や行政の可視性の手段に依存している。それがなければ、古代エジプトの農民たちのように暮らすことになる。

最も重要なことだが、これは、定義の権力関係の利用と所有を民主化する「リスクの民主化」を意味する。生産の権力関係に焦点を当てると、現代の一連の制度全体——組合、社会保障制度、労働法など——が資本の力を制限し、労働者に権限をもたせるために民主的な社会の中で創り出され、実施されてきたことがわかる。世界リスク社会では、定義の関係のためにこのようなことが起こることはまったくなかった。説明責任という規範は、控えめに言っても、(特に国際レベルでは)不十分である。その逆も正しい。原子力産業とその専門家たちは、不可視性の政治を最も巧みなやり方で実践して、定義の権力の世界的独占を構築することができた。原子力のリスクに関して言えば、効果的であるためには、高度に進んだリスク社会は民主化されなければならないことは間違いない。このためには、定義の関係の改革が必要になる。私たちが急進的な近代性の世界的リスクを認識あるいは否定できない(無自覚が持続する)ために、世界ははるかに危険で、おそらく脆い場所になっている。

したがって、これまで見てきたように、社会経済的に最も脆弱なのは、不知という社会的構造による悪影響を最も受ける人たちだ。より理論的に言えば、定義関係は、生産関係に従属している。これは、大半のリスク社会における現状(「リスク**階級**」)を意味する。だが、この従属関係は必要ない。実際、一部の社会が実証しているように、生産関係を依然として保つ一方で、定義関係の改革を推し進めることが可能である。たとえば、ドイツの原子力エネルギーからの段階的撤退と代替エネルギー源の開発という政治的な目標設定は、財産関係を一定に保つ一方で、定義関係を改革し、民主化できることを示している。

原子力の知識共同体がもつ特徴の多くは、気候科学者の知識共同体を特徴づけるものではない。気候科学者たちは、リスクの産出と評価の両方から利益を得るヤヌスのような専門家ではない。この正常なことに思われがちな根本的な構造上の混乱はなくなっている。気候科学者たちによる地球温暖化の診断は、彼らが「副次的効果に関する専門家」であるという事実から生じている。これは、専門家の力の完全に異なる役割でありモデルである。

気候科学者の場合のリスクの権力構造は、①地球温暖化による一般の人々のリスクを監視し、明確に述べることによって、自分たち自身の利益を侵害しないような形で組織化されている。②その逆も正しい。人類にとっての感知できないほどの気候のリスクをめぐる一般の人々の可視性の政治が、科学者たちの定義の権力と社会的地位を高める。③特に地球温暖化の影響を最も受ける人々のために空間を開放し、守ることによって、一般の人々の可視性を創り出したり維持したりすることは、彼らの専門化を促す重要な部分である。④気候のリスクを生み出す業界から構造的に独立している。したがって、⑤リスクを生み出す人々とそのリスクを評価する人々との間に、権力の分立がある。⑥最後だが重要なことに、人類の生き残りを脅かす「副次的効果」についての彼らの評価は、自然科学、その科学的手段、定義の権力と権限に由来する。

気候科学者たちは世界的な懸念を提示するか、または生み出す。そのリスクを生み出す人たちと、それによって苦しんだり脅かされたりする人たちの間の世界的な区別と不平等は——国内で組織化される制度化された政治や法律の妨げに負けず——目に見えるようになる。したがって、可視性の政治は二重になっている。その目標は、人類の目に見えない脅威を目に見えるようにすることである。そこで、権力と不平等の社会的構造を目に見えるようにするコスモポリタン的な見地を生み出す。

原子力のリスクの場合とは対照的に、気候変動の場合は、国家と専門家の、定義の権力との間の結びつきは存在しない。世界的な気候のリスクの評価には、原子力の場合に相当する政治的行為主体はいない。むしろ、国内政治の多様な背景に、効果的な気候の政治を国内化し、実施する段階で、あらゆる種類の障害にぶつかる。なぜなら、国の制度の正当性は実のところ、地球温暖化を否定することから生じるからだ。

同時に、気候科学は、いわゆる「国家的なもの」だけでなく、いわゆる「普遍的なもの」も再定義した。たいへん興味深いことに、気候変動に関する政府間パネル（ＩＰＣＣ）は、気候変動否定論者たちによって、科学の名において攻撃される。また、「国益」を持ち込みすぎるとして攻撃されたり、「国際的なロビー活動」、モデル構築者たちのロビー活動だという批判さえ受けたりする。

ＩＰＣＣのシステムそのものが、世界的な問題を結びつける新たな方法を象徴するものだ。どの国もＩＰＣＣの報告書の何かしらを評価するのだから、それは国境を参照にしながらもそれを超越するコスモポリタン的科学を体現している。そこには国家的な側面もあり、それと同時に、「(気候)科学のコスモポリタン的世界議会」という新しい種類の制度もある。この制度は、国内や地元からのいろいろな種類の意見を代表し、それによってその土地や国の知識が盛り込まれている、ある種の背景に富む普遍主義を生み出している。

さまざまなテーマ――森林、海面、漁場、農業、交通、都市――すべてに関して、自然と社会とのあらゆる関係を再編成した完全に新しい制度が考案され、導入されたということが見て取れる。気候科学者たちは、次の逆説を経験する。地球温暖化の世界レベルでの可視性を生み出すことは、地方や国、地域レベルでの不可視性を生み出すことを意味するというものだ。

五　展望

ソ連の原子力の専門家たちと、西洋の先進的な民主主義の専門家たちの間には驚くべき意見の一致がある。「想像を絶する規模だった大惨事が……特定の力学を通じて**管理可能**になった。権威ある知識を普及させるためには、知識のないことが非常に重要になった」(Petryna 2003: 39)

定義の権力関係を維持すること――実際には再構築すること――についての意見の一致は、ソ連の共産主義体制を米国や西欧の資本主義民主主義体制から切り離しているイデオロギー的・歴史的境界を踏み越えるものである(または、すでに踏み越えた)。だが、時間的なずれがあって——つまり、チェルノブイリ原子力発電所の爆発から三年後の、一九八九年五月に——政治的騒乱が起こった。「汚染とソ連の隠蔽の程度が一般の人々にいっせいに知られるようになったのである」(Kuchinskaya 2014: 119)

地元の科学者たちは、一九八六年のソ連の報告書を「誤った情報」だとして批判した。この惨事とその後の影響だけでなく、現時点における将来の惨事の予想も、新たな種類の革命的な権力を形成する。つまり、世界リスク社会は革命の概念を変態させるのだ(後述を参照)。

私たちは慣習的に、革命を政治制度の中心で起こる貧困革命と考える。「その革命は、中流階級の知識人たちのイデオロギー的・政治的リーダーシップの下で起こることが普通で、平等と公正の基本的価値を実現することを約束する(または、そういった価値と闘い、独裁的な構造を再構築する)ものだと理解する。ある程度は、「現実それ自体」が不可視性の政治に対する自然な対抗勢力である。世界リスク社会では、リスクを生み出す者と運ぶ者は、たいていは近代国民国家社会のために設計され、不動の——そして、歴史的に見ると世界リスク社会には不適当な——定義関係をめぐって互いに対立する(そして、自分たちの内部で論争する)。

リスク社会のグローバル性を私たちに気づかせる大惨事が起きるたびに、そして世界的なリスクの論理が日常の経験に浸透するにつれて、定義関係がむきだしになり、政治問題化するようになる。旧式化した国内の定義関係と、科学の世界的な政治問題化が組み合わさると、「組織化された無責任」の根本にある構造が見えるようになる。個人、組織、制度が、既存の法や規制の優位を覆すまさにそういったリスクと潜在的な災害に対する説明責任を避ける状況として、無責任体制が可視化される。

現在の「作り出された不確実性」の時代においては、一連の局所的なリスクと大惨事との増大についての絶え間ない脅威が、サブ政治的、サブ革命的な行為の空間を切り開き、科学的・政治的な基盤の制度を作り直す。これは何も新たなコスモポリタン化された行為の空間についてだけではなく、新たな分野の政治的行為と政治改革についてもそうなのである。

第七章　解放的な天変地異説——バッズの副次的効果としての共通のグッズ

いつの日にか解放的な天変地異説の歴史が書かれるとき、世界的な気候リスクの問題ではなく、第二次世界大戦の経験と恐ろしさが重要な歴史的転換点として、その歴史の始まりとなるだろう。なぜなら、それが世界大戦のリスクがもつ解放的な潜在力が国際連合、国際通貨基金（ＩＭＦ）、世界銀行、そして最も明白な形で、欧州連合（ＥＵ）などの一連のコスモポリタン的制度をもたらしたからだ。それは、コスモポリティカルな変態の瞬間だった。もちろんこれは事後の意見であり、解放的な政治を実現するために第二次世界大戦のような破局が必要だと提言しているのでは**ない**が。あの破局の経験があったからこそ、文明と人類の「神聖な」規範を破り、それに伴って、制度的な答えが可能になるような、そしてその答えを、自動的にではなく、重要な文化的・政治的取り組みを通じて、世界的レベルで制度化し得るような人類学的な衝撃を生み出すに至った。

「世界的」破局の解放的な潜在力を制度化という形で具体化すると、非常に大きな抵抗に遭う。同時に、それにはいつでも修正の余地がある。歴史に無関係でもなければ、固定されたものでもない。

今日の疑問はこうだ。次第に明らかになる気候変動の惨事には、第二次世界大戦と同じように、解放的な天変地異となって、コスモポリタン的制度を暗に具体化する潜在力があるのか？

本章では、世界的な気候のリスクなど、世界的なリスクの副次的効果の**プラス面**について詳細に述べる。社会変動のパラダイムに根ざしている考え方の持ち主たちの場合、この疑問は絶対に起こらない。なぜなら、このパラダイムは、世界的リスクという考えを除外していて、通常のリスクという現代的な枠組みの中に観察者を縛りつけるからだ。これによって、リスクは既存の制度の枠組みの中に組み込まれるのだが、この枠組みはリスクに対処できないだけでなく、実のところリスクを再生産し、大きくする。

変態は、世界的リスクの隠された解放的な副次的効果の問題である。第五章で示したように、「リスク階級」の概念は、グッズ(正の財)とバッズ(負の財)の共同生産と共同分配の問題である。本章ではさらに一歩進めて、変態の理論がいかにして世界リスク社会の理論を超えるのかを示す。それは、グッズのマイナスの副次的効果ではなく、第二次世界大戦が引き金となったコスモポリティカルな変態の瞬間のような、バッズのプラスの副次的効果を取り上げる。そういったプラスの副次的効果は、共通のグッズについての規範的な視野を生み出し、国家的見地をコスモポリタン的見地に置き換える。これこそが、「解放的な天変地異説」と私が呼ぶものである――しかし、繰り返すが、これは事後の意見であり、世界的な惨事を願っているのではない。

一　三つの概念的レンズを通して、世界の変態がいかに機能するかを観察・分析できる

世界的な気候のリスクの予想はすでに、適切な政治的解決策や政治的行為がとられていないことに関す

るあらゆる悲観論にもかかわらず、ポストモダンの「万物流転」的な考え方に新たな――理想郷的でないならば、暗黒郷的な――意味を授けた。気候変動や金融危機のような世界的なリスクは、私たちに新たな方向性、つまり二一世紀の世界のための新たな羅針盤を与えた。私たちは、今まで私たちが副次的効果として抑圧してきた危機を重視しなければならないことに気づく。気候変動は気候変動ではない。はるかに大きいと同時に、違う何かである。それは、思考の方法、生活様式や消費習慣の様式、法、経済、科学や政治についての変革である。気候変動を、国家に対する人間の権威の変容として提示するか、気候の(不)公正の問題として提示するか、将来世代の権利または道徳的権利と気候問題との関係にまつわるものとして提示するか、EUの政治または国際貿易の問題として提示するか、または自殺行為的な資本主義(第八章)の徴候として提示するか――これらはすべて、世界的なリスクの意図せざる目に見えない解放的な副次的効果の劇的な力にかかっている。その副次的効果によってすでに、世界における私たちのあり方や、私たちの世界の見方や、私たちの政治の行い方は変化を余儀なくされている。

世界的な気候のリスクは、近代性の再生を導く可能性がある。気候科学者たちは、自己破壊的で、自然に破壊をもたらす資本主義の変容――長い間、延び延びになっていた、以前には不可能に思えた変容――の手はずをまだ整えていないのだろうか？　今日の中国が再生可能エネルギー源の取引において好況を牽引しているあの敏捷さは、競争相手の共進化の例ではないのか？　こうして西洋の温暖化懐疑論者は、自分たちの経済的利益を侵害している。おそらくすべての原子力発電所は、それらが日本の発電所の構造よりも安全かどうかにかかわらず、停止されるのが妥当だ。とにかく、そうすることで、使用済み燃料棒の最終処分の問題は解決する。そして、どのみち太陽・風力エネルギーの再生は、意義のある近代性の再生である。
おそらく気候変動という主題《トポス》は、迫り来る世界の終末というビジョンで国内の自閉的な世界をこじ開ける、人間の歴史の中でこれまで知られていなかった動員の形式でさえあるのだろうか？　そして、世界の気候のリスクを、世界の終末を思わせる惨事どころか、多くの行為主体の積極的な（文化的）努力と協調的な政治によって、一種の「解放的な天変地異」に変えられる可能性があるのだろうか？

三つの概念的レンズは、この世界の変態がいかに作用するかを理解するために有用である。第一に、侵害が規範を生み出す（そしてその逆はない）。世界的な惨事の予想が、人間の存在や文明の**神聖な**（不文律の）規範を破る。第二に、神聖な価値の侵害が**人類学的な衝撃**を、第三に、**社会的カタルシス**を引き起こす。こうして、社会的・政治的行動の枠組みとしての新たな規範的な視野と、コスモポリタン化された活動分野が出現する。

前述したように、このように二一世紀のための羅針盤が出現したことを、自動的に起こること、またはそのような出来事によって自然に引き起こされることと誤解してはならない。むしろそれは**文化的な取り組み**の産物である。法律や政治の既存の制度とこういった新たな規範的な視野の間の対立は、非線形で制限のない永続的な改革・反改革プロセスにつながる。変態は、進行中のプロセスだ。私たちにはその終わりがどこなのかわからない——おそらく終わりはないのだろう。そして、多くの複雑な問題がある。まず、強力な抵抗がある。また、空約束という矛盾がある。人権協定について考えてみてほしい。それらは一九四九年より以前に独裁者たちによって批准されていた。今、その空約束が人権協定に追いつく。では、いかにして人類学的な衝撃が法律になるのだろうか？　それは長い、ときに果てしない道であり物語である。

二　ハリケーン・カトリーナ
――気候の公正さについての規範的な視野はどのようにグローバル化されるのか

人類学的衝撃の象徴と言えるハリケーン・カトリーナの事例は、気候の公正という規範的な視野が実際にどのようにしてグローバル化されるのかという、差し迫った――そして今のところ無視されている――問題を浮き彫りにする典型的な例である。

二〇〇五年八月二九日にハリケーン・カトリーナがルイジアナ州沿岸を襲ったとき、その隠れた解放的な副次的効果が明らかになった。この出来事を考察した文献を見れば、このことがはっきりとする。カトリーナをめぐる言説は、環境上の課題と米国における人種差別の歴史という、かつては別個だった二つの話がいっしょになったという点で、あるパラダイム・シフト――実は、社会的カタルシス――を示している。クインシー・トマス・スチュワートとラショーン・レイが見事に説明している。二人は、「人種的な洪水(race flood)」という比喩を用いて、洪水に襲われた人々の大半が黒人の貧困層だったという事実に触れている。

この自然災害は、植民地時代から米国人の生活に影響を及ぼしてきた社会的惨事――人種的な洪水――を映し出している。このハリケーンとそれに続く洪水がニュー・オーリンズの住民の生活に侵入したように、人種の概念は米国の社会制度に浸透しきっている。人種による分類が個人の社会的相互関係、物の見方、生きる望みの幅を決定づけるまでになっている。人種は、いろいろな意味で、米国人が自分たちの実社会を見たり経験したり評価したりする際に通して見る主なレンズの一つなのだ(Stewart and Ray 2007: 39)。

ハリケーン・カトリーナが来るまで——洪水に対する不平等と脆弱性を指摘する研究がたくさん存在していたにもかかわらず——洪水が環境上の公正の問題と位置づけられたことはなかった。一般の人々と学者の両方が、ハリケーン・カトリーナの破壊的だが非常に不公平な「人種的な洪水」について考え、米国の環境上の公正を主張する学者や活動家たちのしっかりとしたコミュニティに、奴隷制、制度化された人種差別、洪水とその脆弱性に満ちた強烈な「人新世」を思い起こさせるようになって初めて、その人たちは、一見「自然の」問題であるように思われるが本質的には社会・政治的なものだと暴かれなければならないリスクに注意を向けるようになった。コスモポリタン的観点と公正という視野の社会的誕生とその後の履歴について、実証的な位置づけと研究を行うことができる。「今では、米国やその他の場所における洪水のリスクを、環境上の不平等と不公正の問題という枠組みに入れている文献が少ないながらも増えつつある(たとえば、Bullard and Wright 2009; Dixon and Ramutsindela 2006; Ueland and Warf 2006)」(Walker and Burningham 2011: 217)

新たな規範的な視野、つまり世界的な公正の枠組みの出現を引き起こしたのは、この社会的カタルシスだった。すなわち、これがために、バッズの副次的効果として共通のグッズが生じたのだ。カトリーナによって、気候の大惨事と人種的不平等が密接に関連していることが明らかになった。気候変動と世界の社会的公正との間にある切っても切れないつながりが暴露された。この衝撃的な経験が、これまではつながっていると思っていなかったが実はつながっている物事——人種的不平等のある都市の洪水と世界的な公正の問題——に対する考察の過程を生み出す。

だが、「この社会的カタルシスは、自然に起こるもので、その事象そのものによってもともと引き起こされるものである」と誤解してはならない。それは、他者の遠く離れたところでの苦しみを目撃する活動家たちによる、変容をもたらす「意味づけの取り組み」において「文化的な取り組み」を見事に連携させる伝達者たちが生み出しているのだ(Kurasawa 2007, 2014)。この意味づけの取り組みとは、以下の質問に答えを提供することである。この脅威の本質は何か？　被害者は誰で、その被害者たちと公衆一般との関係は？　世界の気候のリスクの特質の一つは、被害者と一般の人々の間に違いがないということだ(人類にとってのリスク)。誰に責任があるのか？　そして、最後だが重要なことは、国際社会と各個人、各コミュニティ、各組織(今どこに存在していようとも)は、それに対応して何をしていくべきなのだろうか？

文化的な取り組みとは、事象そのものの描写に関するものだけでなく、その事象が認知される象徴的な環境(包摂的であれ対向的であれ)に関するものでもある。つまり、たとえば、気候の大衆(第四章)や、あるいは(科学的、マス・メディア的出来事と絡み合った)気候の美学の実践、(マンガ、超大作映画、ＳＦ小説などの)大衆文化に示されるような、大惨事の空想も含む。「芸術の実践は、この「リスクを伴う」コスモポリタン化に積極的に取り組んでおり、明らかになりつつある気候の問題や懸念に対して芸術的な声を上げ、「可視性」を与えている。それによって、コスモポリタン化の美学を……実践しているのだ！」

(Thorsen 2014)

市民の力を生み出すためには、こういった文化の伝達者と意味づけを行う活動家たちが、言語や歴史の違いを乗り越えて、共通理解を生み出す高度の相互参照を頻繁に見せるような形で、局所的にも国家規格外の出来事を構築しなければならない。

ゴードン・ウォーカーが、いかに環境の公正の枠組みがテーマや背景、大陸を越えて広がり、多様化してきたかに関する研究の中で「変容をもたらす取り組み」の一例を挙げている。

正義の主張がなされていて、正義の話がはっきりとなされている空間文化的・制度的な文脈は、米国をはるかに超えて世界的に拡大しており、たとえば、南アフリカ(London 2003)、台湾(Fan 2006)、オーストラリア(Hillman 2006)、英国(Agyeman and Evans 2004)、ニュージーランド(Pearce et al. 2006)、スウェーデン(Chaix et al. 2006)、イスラエル(Omer and Or 2005)にも、そして世界全体にも(Adeola 2000; Newell 2005)広がっている(Walker 2009a: 614)。

ウォーカーが主張するように、気候の公正についての規範的な視野が水平方向と垂直方向の両方に世界的に広がっているのが観察され、それについて研究され得る。水平方向は、当然ながら、国際的なネットワーク形成と、**下からのグローバル化**という問題である。

(たとえば)ブルガリア、チェコ、ハンガリー、マケドニア、ルーマニア、スロヴァキアの環境・人権団体の活動家、弁護士、研究者の市民活動ネットワークである環境の公正のための連合(Coalition for Environmental Justice：CEJ)は、中欧と東欧全体で環境の公正の枠組みを積極的に促進するために二〇〇三年に設立された。ネットワーク活動としては、米国の環境の公正の活動家たちと連携して、二〇〇五年に「環境の公正に関する大西洋横断イニシアティブ」の形成や(Pellow et al. 2005)、中欧と東欧にとっての重要問題に関する行動計画策定(Walker 2009b: 361-2)などがある。

ウォーカーは、公正に関する期待の拡散を見て、**垂直方向**のグローバル化のプロセスについても特徴づけている。これは、考え方や解釈の水平方向の国境を越えた拡がりと切り離されているわけではない。したがって、遠く離れた場所での被害に対する超国家的な責任の位置づけなど、グローバルなリスクの「論理」は、グローバルな経済や政治の関係を国内や地域の環境への影響と結びつけ、現実的になる。たとえば、CEJの中欧と東欧における超国家的なネットワークの課題一覧には、各国特有のさまざまな懸念と並んで、富める国から貧しい国へのリスクの輸出も含まれている(Steger 2007)。

コスモポリタン的観点の「現実化」については、当然ながら、メディアやデジタル通信による気候の大惨事の表現・説明方法を分析することによって検討できる(第八章)。したがって、一方における特定の空間と時間における洪水またはその他の惨事と、他方における人類にとっての実存的なリスクとしての気候変動という世界的なリスクを区別する必要がある。(世界的な気候のリスクのような)世界的なリスクは、特定の空間と時間における、他の誰かにとっての特定の大惨事の結果ではない。むしろ、それは**私たち**人類にとっての予想される大惨事として分類される(「社会的に構築される」)必要がある。そうなると、どうすればコスモポリタン的観点は「私たちにとっての」「現実」――つまり、国境を越えた現実――になるのか、が問題となる。

これは、たとえば、相互に関連し合った**国内上の**惨事と認識されているものの集合についての表象を前提としているのではないかと思う人がいるかもしれない。相互に関連し合った国内上の惨事の間の「つながり」とは、たとえば、団体観光旅行であるかもしれない。気候の大惨事に巻き込まれ今や脅かされている団体旅行は、地理的・社会的に遠く離れているもの――「他の誰かにとっての」大惨事――が、「私たちから遠く離れている」大惨事の社会的近さによって、こうして「私たちにとっての」大惨事へと変態しているということを示している。テレビや電子メール、衛星電話によって、人々は愛する人たちと常に連絡を取り合えるし、マウスをクリックするだけで恐ろしい画像や動画を見ることができる。

三 展望――二一世紀の羅針盤

人類学的な衝撃が起こるのは、多くの人々が、その人の意識に消えることのない印を残し、永遠に記憶に残り、その人の将来を根本的に、取り返しのつかない形で変えることになるような恐ろしい出来事を経験した、と感じるときである。人類学的な衝撃は、世界での新しいあり方、世界の新しい見方、政治の新しい仕方を提供する。

このことから、反省、再帰性、内省など、社会のカタルシスが起こる可能性がある。私たちが経験させられていることに過去の決定や誤りが含まれているという事実についての、ある種の強制的な集合的記憶を人類学的な衝撃は引き起こす。最高度の制度的物象化でさえも、覆される可能性のあるものであり、借り物の行為様式にすぎず、それが自己破綻すれば変えられる可能性もあるし、変えなければいけなくなるという事実だ。世界的な気候のリスクは、世界的な金融のリスクなどもそうであるが、進行する工業化と金融化の誤りが物象化されたものとして、人々の話や考えの中に見つけられる。

変態は、革命ではなく、改革でもなく、意図的で目的のはっきりした、(党派間あるいは国家間の)イデオロギー的な闘争の結果(の一部)でもない。それは――私が気候変動の事例で示そうとしているように――意図せざる副次的効果の心の壁の背後で潜在的に進行しており、その心の壁は、(国内および国際)法や科学的知識の生産によって、「自然」で「自明」なものとして築かれている。

だが、これは話全体の一部にすぎない。残りの部分は、大惨事の人類学的衝撃は「コスモポリタン的瞬間」を生み出すということだ。このカタルシスの瞬間に、制度によって構成された副次的効果のその心の壁は崩壊しつつあり、私たちは、いかにしてコスモポリタン的視野が出現し、グローバル化されているかについての社会的事実を実証的に研究することができる。

私は、哲学的規範のコスモポリタニズムに関しては論じなかった。私が主張するのは、気候変動は、神聖なものが実存的・倫理的に侵害されているという素朴な感覚を**経験的に**生み出すということだ。そのことによって、あらゆる種類の規範的な予想と展開――規範、法、科学技術、都市変化、国際交渉など――の可能性を生み出す。これが、規範的予想のコスモポリタン的視野に向かう**変態**の力である。これは批評的な観点だ。

この批評的な観点を明確にしなければならない。それは経験的であると同時に規範的である。だがこの批評的な観点の規範性は非常に限定的である。それは、「価値関係」(マックス・ウェーバーの言うWert-beziehungen)の経験的妥当性(Geltung)に関するものだ。この価値関係を、価値を付加した用語や文章、明示的で道徳的な言葉を用いた価値判断と混同してはならない。それは、観察者の立場から研究され得るという意味で経験的である。

気候の公正に関する言説によって、多くの障害物——理論的に厄介な障害物の場合もある——が明るみに出てきた。一つの例が、気候の公正という問題には、最もその被害を受けることになる将来世代が関与する点だ。したがって、まだ存在しない、そしてそのために自分たちの生活条件に非常に大きな影響を及ぼす意思決定に発言権がない被害者に対して、どう対処し、どう公正の規範を適用するかに関する問題が起こる。気候変動のリスクによって不当に被害を受ける人々が、特定の誰かに対して苦情を訴えることができない場合が多いのだ。実はこのことが、排除されている人々を排除する既存の国内法制度を適用しやすくさせている。

同時に、気候の公正に対するビジョンは、植民地の歴史的パターンの持続と、植民地の支配関係の濃密さと、その「主体」(法の行為者)と「環境」という法の構成で動く力学を遅かれ早かれ、理解しなければならない。気候の公正という問題によって、国際法の植民地的土台と西洋の司法上の仮定の哲学的土台との関連が見つかる。ここで経験的に、そしてそのために規範的に問題となるのは、現行の秩序そのものを標的にした侵害の様式である。だが同時に、「依存」と「コスモポリタン化」との違いを混同しないように注意しなければならない。植民地の歴史で不当な側にいた、つまり苦しい思いをしてきて、今も苦しみ続ける個人やコミュニティ、国家に注目することによって気候の公正を問題化することは、それ自体が、世界的な気候のリスクによって強制されたコスモポリタン化が、まさにその事実に関する規範的な視野とその事実の再帰性を生み出すことの指摘である。それだけではなく、そのコスモポリタン化は、(事実として)ここでも「今現在、制度(法、政治、経済、技術的手法、消費や生活様式)の改革は急務であり、道徳的に必須で——たとえ会議や政治でうまくいかないにしても——政治的に可能である」という期待(ときには確信でさえある)も生み出す。

私はこの批評的な観点の経験的なグローバル化に足場を据えて、「気候変動の国内における(および国家を超えた)同化」、「「グリーン経済」をめぐる脱政治的合意」、「技術革新」などと呼ばれるものの問題点を指摘できることを示そうと試みてきた。ここからは政治経済学の問題であり、そして元来、私たちは、気候変動に関係のあるコスモポリタン的観点から、脱政治的な欧州の「合意」を決して尊重しない新たな世界地理を導入し備えることができる。これも、国際的な勢力関係の変態に関して重要な点だ(第一〇章)。

このように見てみると、気候変動のリスクは、二酸化炭素や公害の排出対策という問題よりもはるかに大きい。それは、人間の自覚の危機を示唆するだけではない。それどころか、世界的な気候のリスクは——きわめて曖昧で、制限がなく、結果をまったく予想できない——世界における新たなあり方、見方、聞き方、行動の仕方を示唆する。

そして変態は、身を脅かす未来についての想像を通じて、過去が再問題化させられることも意味する。過去の意思決定を導いた規範や規則は、身を脅かす未来についての想像を通じて再評価される。そこから続いて、資本主義や法律、大量消費主義、科学(たとえばＩＰＣＣ)などに代わる考えが起こる。

それには、教条主義的な日々の規範策定に対する自己批判的な手法さえも含まれる。テクノクラートによる環境政治においては、二酸化炭素排出量があらゆることの指針となる。手で歯ブラシを動かす代わりに電動歯ブラシを使うと、どのくらいの量の炭素を生み出すのか？　これからは、離婚する際にも、神の前だけでなく、環境の前でも報告する義務がある。なぜか？　それは、二人が独身になると、一つの世帯にいっしょに住むよりもはるかに多くのエネルギーを消費するからだ。

その結果、二一世紀の羅針盤が登場する。だが、第二次世界大戦と対照的に、世界的な気候変動のリスクの場合、この羅針盤が私たちをどこに導くかは疑問である。規範的な期待と政治的行為の間には非常に大きな食い違いがある。

第八章　公共のバッズ——可視性の政治

「コミュニケーション」と「世界」との関係は、近代性の社会理論の中心である。知られていないことが多いが、近代性というものを私たちが理解する際に大きく役立ったのが、カール・ヤスパースの「**世界コミュニケーション**（Weltkommunikation）」という概念の考案だった。それから、コミュニケーションや伝達行為の概念を、自分たちの近代社会理論上の主要概念としたのは、それぞれ、ルーマン（Luhmann 1995）とハーバーマス（Habermas 1987）だった。私の変態の理論においてもコミュニケーションが重要な役割を果たすが、その形は根本的に異なる。実際のところ、コミュニケーションは、根本的に異なる形で、つまり変態の観点を通じて、考えられ、概念化される。近代社会理論に当てはめると、これは近代社会と近代政治の変態についての問題ということになる。コミュニケーションのない変態は存在しない。変態についてのコミュニケーションは、変態の本質部分である。

私はここまでで、社会の不平等の変態を通じて、リスクからリスク階級、リスク国家、リスク地域へという、この画期的な視野の変化について掘り下げてきた。さらに、生産の権力関係に対するものとしての定義の権力関係という権力の変態を分析した。そして最後に、天変地異と解放的な天変地異との関係の例を通じて、変態の社会学について論じた。世界の変態にとってのコミュニケーションの重要性を探究するために、私は世界のコミュニケーションの本質についての普遍的理論を展開するつもりはない。そうではなく、コスモポリタン的理論化の手段として、中範囲の概念である「公共のバッズ(負の財)」を紹介する。この紹介は二段階に分ける。まず、「コミュニケーションの景観」という概念を紹介し、その変態について掘り下げる。次に「公共のバッズ」の概念を掘り下げる。

一　コミュニケーションの新たな景観

デジタル通信の時代において、世界リスク社会は、世界的なリスクが新たな形態の「コミュニティ」を生み出す際の重要な構造上の力学を説明する。この構造上の力学を理解することは、デジタル時代における近代社会の変態を理解することだ。

世界的なリスク(気候変動や金融危機)には社会と政治を変える力があるが、それは、公共のコミュニケーションという媒体を通して初めてその力をもつ。世界的なリスクそれ自体は目に見えない。そのリスクがこの不可視性を打破する力を獲得する唯一の手段が、媒体を通したイメージなのだ。大規模な災害があらゆるところで起こっているが、そういった災害が解放的な潜在力を展開するのは、世界的な公共圏——国家的な見方にとらわれた公とはまったく異なる種類の公——を生み出す世間一般のイメージという力を得たときだけなのである。私たちの目に見えるのは相互作用だ。世界的なリスクがグローバル化された公衆を生み出し、グローバル化された公衆が世界的なリスクを目に見えるものにし、政治的なものにするのである。

フランスのメディア論の専門家であるポール・ヴィリリオは、このイメージの力を「イメージは弾薬、カメラは武器」という表現に要約した。世界的なリスクは、視覚のグローバル化という戦場に変わりつつある。人類学的な衝撃の引き金となるのは、大惨事ではなく、そういった惨事のグローバル化されたイメージである。これらのイメージが、新旧のメディアの多様性の中で、フィルターに通されたり、道筋をつけられたり、脚色されたり、矮小化されたりして、社会的カタルシスを生み出し、「二度と繰り返さない」という倫理観のための規範的枠組みを提供する可能性がある。

繰り返すが、これを達成するのはイメージではなく、可視化を一〇〇万倍にできる、世界的メディアに媒介され、解説されたイメージである。それが、イスラエル・パレスチナ紛争において瀕死の息子を腕に抱いたパレスチナ人の父親の絶望であろうと、世界が見つめる前で「イスラム国」(IS)が西洋人の人質の首をはねて、それを祝うという残忍性であろうと、映像は世界中を駆け巡るもので、強力な政治的手段である。そのように象徴的に凝縮されたイメージの中では、歴史的な紛争や政治闘争が強められたり、かみくだいて伝えられたり、個人化されたりするが、同時に、手段として利用されたり、切り捨てられたり、単純化されたり、歪められたりもする。政治的景観を突然変える可能性のある人類学的な衝撃の引き金となるのは、大惨事それ自体ではなく、まず感情を解き放つ、その大惨事に関する世界的かつ象徴的な情報伝達であり、そしておそらく他者の苦しみへの共感である。

マス・メディアの世界は、長い間、国家の世界であったし、今も依然としておおむねそうである。実際、まずはドイツの哲学者ヘーゲルが、のちに歴史社会学者のベネディクト・アンダーソン(Benedict Anderson 2006)が、先駆的な研究の中で、印刷の発明がきわめて重要な形で国民意識を作り出したり再生したりすることに、そしてそれによって「想像の共同体」としての国家を作り出したり再生したりすることに貢献したことを明らかにした。その間に、古いマス・メディア(新聞、ラジオ、テレビ)は世界的な出来事をますます報道するようになった。これに、急速に発展する多様な新しい通信媒体(インターネット、フェイスブック、ソーシャル・メディア、スマートフォン、スカイプなど)が加わった。この発展は、国境をまたいで伸びる、そして国内的な通信システムの終わりを告げる情報伝達網と情報伝達の流れも生み出した。

グローバル・コミュニケーション(と、それゆえ、異なる意味での世界の歴史)は始まったばかりである。今まで、グローバル・コミュニケーションは存在しなかった。国内の情報伝達形態の集合体があっただけだ。これらがつながり合っていた場所でさえ、出来事の選択や、それらが取り上げられる方法が、その根底にある国家や地方の視野を強めていた。

今日ではもはや外側も内側もない。情報伝達の準拠枠には、この国もあの国ももう存在しない。そうではなく、情報伝達の状況は、人間性全体の一部である(これは、「世界的な民意」という規範的な視野と混同されるべきではない――このことについては後の章で詳しく述べる)。グローバル・コミュニケーションの新たな景観が生まれつつあり、そこでは、フェイスブックによるコミュニケーションが持つ特定の細分化されグローバル化された視野が国家的な公共の空間と重なり合い、互いに浸透し合い、混ざり合う形になりつつある。

二　公共のバッズ

私が、コスモポリタン的な理論化と研究のための焦点として、時代診断的な概念である「公共のバッズ」を紹介していることは、こういった新たなコミュニケーションの景観を背景にしている。私は世界的なバッズと世界的な公衆との間の本質的なつながりを「公共のバッズ」と呼ぶ。世界的な公衆をもたないバッズ――世界的なリスク――は存在しない。同時に、世界的なリスクは世界的な公衆を生み出し、それによって、公共コミュニケーションの国内の景観を再構成する。公共のバッズの概念は、人類学的な衝撃、副次的効果、将来のリスクの想像が概念的に交差するところに焦点を合わせる。世界的な公共のバッズのレンズを通して、メディア、コミュニケーション、そして公衆の世界の変態が持つ複雑で繊細な構造を考察することができる。

「公共のバッズ」は「世界的なリスク」の別名にすぎないのだろうか？　いや、そうではない。むしろ、それは、世界的なリスクという概念が隠しているもの――つまり、グローバル・コミュニケーションと世界的な公の場が世界的なリスクを構成すること――を包含する。

公共のバッズの概念は、さまざまな社会理論の軌道を併せもつものだ。一つには、副次的効果と世界的リスクの概念に触れる。副次的効果に関しては、ジョン・デューイの『公衆とその諸問題』（一九二七年）における研究がある。デューイによると、公衆は政治的な意思決定から生まれるのではなく、他者の行為のマイナスの副次的効果という経験から生じるという。デューイが主張しているのは――私の言葉で言うと

――バッズが公衆を生み出し、それによって新たな制度的秩序の探求を行わせる、ということだ。

公共のバッズの概念は、さらに三つの要素によって特徴づけられる。相互連結性、公衆の――つまり、再帰的な――相互連結性、バッズによって生み出される再帰的な相互連結性が持つ両面性の三つだ。この点で、マニュエル・カステルの『ネットワーク社会』(一九九六年)と関連している。だが大きく違うのは、ネットワーク社会のつながりからは(少なくとも原理的には)ログアウトできるのに対して、公共のバッズからはログアウトできない点だ。逃げ場がないのである。未来は、全員が全員と伝達的に共存するという災いでもあり祝福でもある。

進歩の公共性とリスクの公共性

これに関連して、私はコミュニケーションの二つの形態と、それぞれの公的な範囲を区別することを提案する。一方の「進歩の公共性」と、もう一方の「副次的効果の公共性」つまり「リスクの公共性」である。進歩の公共性は、あらゆる民主的な社会で近代性の未来について公衆による議論があるという事実と関係している。これは、国家的または国際的な文脈におけるグッズの生産と配分と、その結果生じる社会的・政治的力学に焦点を当てる。グッズの生産と配分をめぐる疑問と衝突と、それに付随する、権力と階級と民主的な政府の形態との社会的・政治的力学は、基本的に「進歩」を促進する働きを持つ一方で、それに関連する副次的効果(バッズ)を軽視する。したがって、この議論は、目標、決定、政治的イデオロギーなどに向かい、未来のさまざまな捉え方をめぐる争いが、これらの国内で組織された、進歩をめぐって競い合う公共圏において行われる。メディア権力のうちのこの種の国内で組織された公的範囲の様式は排他的である。それは慎重に生み出される。許可されるかもしれないし、抑圧されるかもしれないし、その他もあり得る。

副次的効果またはリスクの公共性は、バッズ(リスク)の生産と配分を中心としており、バッズをめぐる競争および対立の中で発展する。ここで、情報伝達と公的範囲の変態が展開し始める。副次的効果の公共性は、国家的に組織された進歩の、文化的に認知された侵害(主流の公衆の間では一般的に無視される)に焦点を当てる。これは単なる対象の変化ではなく、公共性の形態の変化でもある。副次的効果の公共性は、権力者によって容易にはコントロールされ得ない。それは、専門家、企業、政府、政党、メディア機関から成る、リスクを認識していない進歩主義者の連合に反対の姿勢をとる。副次的効果の公衆は、進歩に関する覇権主義的な話に対抗して、計画されることなく立ち上がるものであり、制御するのは難しい。副次的効果の主題化は、公共性の変態における第二段階であることを示す。私が「解放的な天変地異」と呼んだものが起こる可能性がある。人類に対する実存的な脅威の中で、共有された運命の規範的な視野が明確になる。以前には「バッズ」と見なされていたものが、今度は「グッズ」と見られるようになる。フリードリッヒ・ニーチェの言葉「価値の再評価」によってとらえられる目覚ましい変態が起こる。それは、今日、世界的な気候のリスクという領域で明らかになりつつあるだけでなく、他の主題領域でも歴史的な前兆がある、変態の急進的形態だ。

女性解放のための闘いが始まったとき、フェミニストたちは、「醜いブルー・ストッキング」とか、神と自然の定めを侵した「女性的魅力のない人食い大女」と非難されたり、愚弄されたりした。それに対して現在では、少なくとも西洋では価値の再評価が見られる。男女平等に公然と反対する人は誰でも、政治ゲームで敗北してきた。むしろそれどころか、私たちは今、さまざまな日和見主義のフェミニズムに出くわす。平等な権利を求める声が、移民に対する障壁を設けようとする主張や手段となっている——必要悪の政治の例だ。

「バッズ」から「グッズ」への価値の再評価は、一夜にして突然起こっているのでも、直線的にトップダウンで起こっているのでもない。何年にも、何十年にも、いや何世紀にもわたって続くこともある長引く対立を伴う。こういったプロセスは、停滞と後退の段階を特徴とし、「経路依存型」である。つまり、そういったプロセスは一様に同時に展開するのではなく、さまざまな歴史的・文化的背景と結びついていて、変わりつつある社会的・政治的行為者が国レベル、国際レベルでそのプロセスに影響を及ぼそうとするということだ。

「バッズ」の再評価という意味での変態のもう一つの例が、移民をめぐるドイツの論争に表れている。ドイツでは、移民は長い間、ドイツの国家的アイデンティティを脅かすものと見なされていた。これとは反対に、長年にわたる闘いが次第に、出生率が低い高齢化社会であるドイツの未来を考えると、移住と移民は必要であるという考え方につながっていった。この場合、規範的枠組みは変わらないままである。ある主張によれば、ドイツの未来は移民によって脅かされているということになり、また別の主張によれば、移民なしにはドイツの未来は危うくなるという。だが共通しているのは、どちらの場合も、懸念されているのがドイツの未来の安全保障であることだ。ここでは、価値の再評価は、手段の再評価ということになる。

したがって、移民の場合、規範的な準拠枠が変わっていない一方で、変態が起こっているのだ。ここでの変態は、法律の中で固定化されたドイツのドイツ人像も変態を遂げつつあることを意味する。次にこれが、行為者と観察者の視点から(非)同時に、多かれ少なかれ起こりつつある。だが、女性解放の「バッズ」から「グッズ」への再評価は、視野の変化を伴う。女性の解放は、自然と神に反すると考えられたため、「バッズ」を生み出した。同様に、欧州の背景では、規範的な視野を定義した宗教の支配的役割と人類学的普遍という前提とがまず「ひっくり返され」なければならなかった。この宗教的・人類学的視野の魔術が解かれ、普遍的な人権の規範的な視野と、平等と公正の原則とによって取って代わられた。この視野の中で、「バッズ」は再評価を受け、これからは何も咎められる可能性がない「グッズ」へと変容した。

こういった例が示しているのは、社会的・政治的領域においては、私たちはいつも未完の変態の形態に対処しているということだ。したがって、生物学で完全な変態として知られているもの――つまり、ある固定の状態から別の最終的な固定の状態への変化――にはなり得ない。

この変態の不完全性はさまざまな形態をとり得る。私たちはこれを、世界的なリスクの認知または認識に関連する変態において見ることができる。ここでの変態は、前述したように、三つの連続する段階で説明できる。第一段階は、自己完結型の国内で組織化された「グッズ」の公共性である。第二段階は、制御するのが難しい「バッズ」の公共性によって、進歩の覇権主義的な話が覆され、疑問視されるようになる。そして、環境面の「バッズ」が経済的・政治的「グッズ」に変異することを主な特徴とする、第三の形態の公共性が発展し得る。「ブラック・イズ・ビューティフル(黒は美しい)」というスローガンが再評価を通じた変態について要約しているものは、世界リスク社会の文脈ではこう表現され得る。持続可能性は美しい、エコな生活スタイルは美しい、成長の批判は美しい、資本主義の批判は美しい。

この変態の観点には今や、デジタル通信の新しい景観だけでなく、既存のマス・メディア――依然として国内で組織化され、国内的な関心や、国内の優先課題を反映する――においても起こる「バッズ」から「グッズ」への再評価が含まれる。一方で、グローバルなものは国家的な関心へと歪められる。だが他方で、多発する現在の災害の存在が、国内メディアの中でもグローバルな公共性を生み出す。しかしながら、このグローバルな世論の侵入――この国内の公共圏での変態――は「バッズ」を通じて生み出される。つまり、大惨事(津波、フクシマ、強制結婚)に対するメディアの渇望や、または他の宗教、特にイスラム教徒やユダヤ教徒が宗教的理由で割礼を行うときに少年を虐待するという申し立てをめぐる論争を通じて、だ。もう一つの「バッズ」であるユーロ危機は、ユーロに批判的な英国を、どのテレビチャンネルでも、どの新聞でも、欧州公開討論の場に仕立てさえした。

同時に、急激に進化する、デジタル通信の新たな技術変異体は、公衆の概念を変容させている。ニュースの消費者はニュースの製作者になりつつある。国境や国内の話題は重要性が低くなりつつある。新たな通信の景観が出現しつつある。細分化され、個人化され、しかし同時にネットワークを通じて広がりつつあるのだ。もはや通信メディア権力はこのネットワーク内では解体されてしまう。このプロセスにおいて、社会変動の観点の中で不変であると想定されていた「参加」「関心」「統合」といった主要概念が変わりつつある。

繰り返すが、この文脈において、変態とは何を意味するのだろうか？　第一に、**分類の変態**だ。ここでは、公共のバッズの概念(前記参照)に焦点が当てられる。第二に、**制度の変態**である。ここでは「古い」(国内の独占的な)マス・メディアの、(細分化され、個人化され、グローバル化された)新しいデジタル通信手段との競争または重複または相互浸透を観察できる。最後に、**規範の変態**だ。ここでは、いかに「グッズ」が「バッズ」に変態し、「バッズ」が「グッズ」に変態するか、が問題となる。それから、次に、少なくとも最初はやむを得ずの、大部分は熟考されていない（が、ひょっとしたら加えて、往々にして自覚のある）形での大惨事の報告が、いかに解放的な天変地異の媒介物となるかの問題である。

三　世界のデジタル構造

世界のデジタル構造とは、世界のデジタルな変態のことである。これはどういう意味かというと、あらゆる人間の行為、あらゆる機械がデータを生み出す。私たちは**未知の土地**（terra incognita）に足を踏み入れている。これは、何もかもが新しいという意味ではなく（地球上に新天地はもうない）、コペルニクス的転回2・0を意味する。七つの側面がある。

①デジタル通信は、古典的な「**公共性**（Öffentlichkeit）」の概念を変態させる。古典的な公共性の条件となっていた物事が操縦されるようになる。市民運動と非市民運動との間や、ジャーナリストと政治家との間で論争が起こる。洪水やテロ攻撃が世界的に議論され、判断される。行方不明の子どもたちを親や警察が捜す。製品の広告には世論が反映され、その逆もまた同様だ。デジタル通信は、公共のコミュニケーションのための歴史的空間になった。これまでは、公共のコミュニケーションは、通りや広場、教会など、特定の領域だった。デジタル空間の利点は明らかである。物理的に移動せずに集団の組織化が可能になる。

少ない費用で、リアルタイムでやり取りができ、肉体的な暴力は除外される。この意味では、反対しながらもウェブに参加することは可能だ。

だが、こういった可能性は、民主的な参加とは大きく異なる。それは市場関係者によって決定づけられ、作られるのだ。デジタル通信は大規模な多国籍企業に支配されている。したがって、公の議論に対する支配権は民間企業の権力によって占められているのだ。このことは、技術インフラについても言える。民主主義はこの世論の私有化の中をどのくらいの期間、生き抜けるだろうか？　市場経済は結局、世論表明のより良い形だという結果になるだろうか？

同時に、テロリストの動画が一般に拡散するのを禁じようとするフェイスブックやツイッターなどの企業の試みや決定をめぐって見られるような、サブ政治的な行為者に対する公的規制の動きも目にする。相対する二つの動きがある。一方では公的な、国によるウェブ規制を求める声があり、もう一方では、国の制約を免れる可能性をもっているのがウェブなのである。

②デジタル通信は古い**公共性**のモデルに取って代わるわけではなく、**新旧の明らかな絡み合い**がある。マス・メディアの古典的なモデルは古代劇場だ。目の前に観客が集まるステージがある。これが、発言者という能動的な役割と、観客という受動的な役割を区別する。この区別はもはやデジタル通信には有効ではない。誰もが「発言者」であると同時に「観客」でもある。たとえマス・メディアの消費が高いままであったり高まったりしても、この見せかけの安定の背後で世界の変態は起こる。それは、オンラインとオフラインの間にもはや区別がないからというだけのことだ。デジタル・メディアは日常の一部になったのだ(Moore and Selchow 2012)。たとえば、今日の学校における意思疎通と伝達の方法を見てみよう。

現在、教師、宿題、クラスメートなどに関する学校のクラス内のやり取りは、かなりの部分がデジタル領域で行われている。個人的な経験を仲間と共有するにはInstagramやSnapshotなどが使われるし、WhatsAppは、どんな宿題をいつまでに提出する必要があるかについての情報源であり、YouTubeは、ギター演奏から賭博まで、個人の才能を披露し、それを世界と共有するために使われる。この中での変態は見過ごしやすい。なぜなら、これは普段のコミュニケーションであって、使う手段が違うだけだからだ。だが、この一見したところありふれたコミュニケーションの拠点は、ミュンヘンやパリにあるのではなく、パロ・アルトとロサンゼルスにあるのだ。子どもたちのやり取りを保存するサーバーは、南カリフォルニアや北極圏に拠点を置いている。コミュニケーションはクラスの内部のものだが、実際には局所的なものではないため、ここで変態が起こっていることは、問題が起きたとき――たとえば、サーバーがハッキングに遭ったとき――にのみ明らかになる。そうなって初めて、行為者自身が、教室と友人の輪がすでに技術的にコスモポリタン化されていることを理解する。子どもたちは、これがどこに向かって進んでいるのかを実証する。子どもたちは自分たち自身や自分たちのアイデンティティや考えを世界で直感的に披露する。学校では早いうちに、「アイデンティティ・ゲーム」、つまり、クリックや「いいね！」や「友だち」などに示される、世界における認知度や、誰が最も広く影響を及ぼしているかについての競争が始まる。

③これに関連しているのが、データや数字の新たな**想像不可能性**だ。デジタル通信は、もはや想像が及ばないほどの組織的なデータの生産と消費を象徴している。世界についての国家的な捉え方は、マトリョーシカの形に倣っている。世界は、より小さな集合体に切り分けられる最大かつ普遍的な単位であると想像されている。政治の世界は一連の国民国家から成り、経済の世界は自由貿易地域から成り、経済は市場

から成っており、その市場はターゲットグループによって順序づけられる、と。この種の考え方と入れ物の中でのデータ収集では、デジタル世界の要点を見失う。こういった数量は数えられない。推定の数量である。それらは一般統計学の世界に属するもので、一般統計学とは規模の話で、詳細の話ではない。圧倒的な量のデータ自体は別に珍しくもない。変態の瞬間は、リスクと先取りの論理によって形成される世界で起こる。そしてそのような世界では、こういった種類の「ビッグデータ」が、いわゆる識別攻撃によりテロリスト容疑者を殺すなどの「改善する」行為の基盤として使われる。

④既存の社会が国家社会であるのに対し、デジタル通信は一つの世界社会を生み出すと思われる。だが、これは誤りだ。デジタル通信は、**不特定の数の**「**世界社会**」を生み出す。つまり、**公共性**と「社会」の古典的論理に従って機能することのない社会関係の現実を生み出すということだ。デジタルの変態は、社会と公共性に関する既存の概念をかき乱したり破壊したりする。同時に、それは社会と公共性の新たな概念――世界の他者は私たちの内部におり、私たちは同時にどこか他の場所にいる――を生み出す。重要なのは、これが力の産物ではなく、デジタル時代の前提条件である点だ。

⑤世界は**個人化され**、**細分化される**ようになる。個人――「分けられないもの」――は、評価の基準になると同時に、もはや重要ではなくなる。想像を絶する量のデータの中に沈み込むからだ。個人化は、社会的・政治的行為の主要単位がもはや総体的または集団的なアイデンティティではなく、個々の人に限定されるようになる――「私たち」から「私」へのパラダイムシフトの――過程である。そういうことなので、個人化を、個人主義という新自由主義のイデオロギーとして誤解するべきではない。

同時に、個人化とコスモポリタン化は、デジタル通信における二つの対立する契機となる。一方では、デジタル通信は、定められた集団的なアイデンティティの基盤を揺るがすので、個々の人々は自分自身に頼らざるを得なくなる。その一方で、人々はコスモポリタン的な行動の空間が持つ資源を利用せざるを得なくもなる。

⑥デジタル通信の変態をとらえるためには、**ミーム**の概念が重要だ。ミームとは、伝達の行為者から伝達内容やメッセージへの観点の変化のことだ。ミームは国境に従って進むわけではないので、これは基本的に国内的な観点ではない。だがミームの通り道は行き当たりばったりではない。コミュニティ、所属、言語、文化、リスク認知などの特徴によって形成される。

⑦デジタル通信において生み出されるデータは、単なるデータではなく、**再帰的なデータ**である。デジタル通信は常に、データとある種の組織化された再帰性を生み出す。これがどういうことかを理解するためには、参加者の観点と観察の観点とを区別する必要がある。参加者の観点と観察の観点との関係は、伝達の行為者が「自分たちは観察可能な対象であり、観察されている」ことを理解していないという事実によって作られている関係である。つまり、内側から見たときに行為者自身に対して閉ざされているように思える伝達状況があるが、それは外側から見ると、あらゆる種類の観察に対して開かれているということだ。これは、「フィルター・バブル」という状況をもたらす(Pariser 2011)。それは、自分自身の好みや習慣に応じて調整されたデジタル世界で、個人が陥る状況だ。

四　展望——コスモポリタン的データ

前記のことは、私たちの言うデータに影響を及ぼす。これまでは、社会科学は、社会科学的客観性の中心的根拠としての、代表や集合という原則に従うデータを生み出してきた。世界のデジタル的変態の探求は、こういった原則の奴隷ではあり得ない。デジタル通信は、社会科学者ではなく**行為者自身による**、非代表的で非集合性のデータの永続的な産出として理解されなければならない。この基本的な事実は認識論的なシフトを意味する。

私たちがデジタル通信と共有するものは、コスモポリタン化という**現実を構成する**データである。そういったデータは、コスモポリタン化を**生み出す**。単にコスモポリタン化を**表すだけではない**。社会的・政治的に大きな意味があるのだ。この洞察は興味深い。なぜなら、ムーアとゼルヒョーの論点を取り上げるならば、インターネットはその場合、行為の空間、または組織化や意思伝達や交換の手段であるだけでなく、「生成のプロセス」であるからだ(Moore and Selchow 2012: 36)。それは、コスモポリタン化された世界になるプロセスだ。したがって、認識論的な状況におけるコスモポリタン化のプロセスは、指数や指標、操作的定義を通じて表されるだけでなく、現実のプロセスとして観察され得る。

誤解のないように言うと、この観点から、コスモポリタン化された世界の生成は、可視化するために複雑な方法が必要となるような隠れたプロセスではなく、それ自体がプロセスとして見えている。このプロセスと、そのプロセスの観察は、本質的に関連している。

ここで私たちは、これまで異なる観点から議論されてきたさまざまな問題——たとえば、国境を越えた(「移住者」の)コミュニティがどのように進展するかに関する問題——をめぐるコスモポリタン化の現実に近づける。世界的なリスクが(世界の都市の)コスモポリタン的コミュニティを生み出す力と同様、「世界家族」の増加に関しても同じことが言える(Beck and Beck-Gernsheim 2014)。要するに、「代表的な集計データ」という概念と「コスモポリタン的データ」の概念とは区別しなければならないのだ。後者は、世界のコスモポリタン化を生み出すデータのことだ(この用語には他の意味もあるかもしれない)。「コスモポリタン的データ」は、それ自体はコスモポリタン的ではないが、コスモポリタン的観点から見たときに、コスモポリタン的であることが明らかになる。当然ながら、デジタル通信は一般的な観点から分析できるが、デジタルの変態が明らかになるのは、コスモポリタン的観点から見たときだけだ。

一方では、永続的なデータ生成という新たな状況は、新しい観点を生む。もう一方で、そういった状況は、方法論的な評価が、データの生成方法からデータの利用・解釈方法へとシフトするという問題を持ち出す。

同時に、このデータ生成は、世界的規模での伝達の流れ、意思疎通のパターン、移動性など、新たな分析対象へのアクセスを可能にする。それは、関係性のコスモポリタン的パターンを研究したり、どのように「コスモポリタン的団結」が——たとえば、局所的に経験される気候の大惨事や、認知されている気候のリスクをめぐって——発展するかを観察したりする可能性を開く。そのようなデータ生成によって、私たちは、欧州や世界全体で起こっている広場の占拠などの「コスモポリタン的瞬間」だけでなく、コスモポリタン的社会構造の潜在的な発現や強度も研究できるようになるし、そうするように促される。

第九章　デジタルのリスク——機能する制度の破綻

世界的なリスク下での変態は、一方の予想されるものや認識されている問題と、もう一方の既存の制度との間に大きな隔たりを生む。既存の制度は、古い準拠枠組みの中では完璧に機能するかもしれない。だが、新しい準拠枠組みの中では破綻する。したがって、変態の主な特徴は、制度が機能すると同時に破綻する、ということだ。例として、二つの実証的な議論を示す。一つは、「デジタルの自由のリスク」であり、米国家安全保障局（NSA）の監視プログラムPRISMのことだ。もう一つは、社会のデジタルな変態、つまり主観性と間主観性のデジタルな変態である。

一　デジタルの自由のリスク

PRISMのスキャンダルは、世界リスク社会の新たな一章を開いた。これまでの数十年間、私たちは、気候変動や原子力エネルギー、金融やテロによってもたらされるリスクなど、一連の世界的な公共リスクに遭遇してきた。そして今、世界的なデジタルの自由のリスクに直面している。

チェルノブイリや後の福島原子力発電所での事故が原子力のリスクに関する世論を引き起こしたのに対

して、デジタルの自由のリスクに関する議論は、従来の意味での破局によって引き起こされたのではない。むしろ、現代(西洋)社会における自由とデータに関する、認識されている現実と実際の現実の不一致によって引き起こされたのだ。そして、これはエドワード・スノーデンの暴露によって明らかになった。真の破局は、実は世界的規模での目に見えない覇権主義的支配だろう。世界的な情報統制が完全で全面的なものになればなるほど、それは人々の意識から消え、目に見えないものにされる。したがって、デジタルのリスクが持つ顕著な性質と、それが孕む矛盾は、私たちが破局——つまり、世界的な覇権主義的データ管理——に近づけば近づくほど、それが目に見えなくなる、ということだ。CIAの一人の民間契約者が、世界的なデジタルのリスクについて世界に知らせるために情報管理の手段を応用したおかげで、私たちはこの潜在的な破局に気づいたにすぎない。こうして私たちは、完全な状況の逆転に直面している。

この意味で、世界的なデジタルのリスクに関する私たちの自覚はきわめて脆い。なぜなら、他の世界的なリスクと違って、このリスクは、空間と時間上の物理的現実である破局の結果ではないし、その破局に焦点を合わせたり、言及したりもしないからだ。むしろ——そして思いがけなくも——そのリスクは、私たちが当たり前に思ってきたこと——つまり、個人情報を管理する私たちの能力——に干渉する。だが、そのとき、この問題の可視性さえあれば抵抗を引き起こす。

この現象を別の形で説明してみよう。まず、世界的なリスクすべてに共通の特徴がいくつかある。それらの特徴はどれも、私たちの日常生活における世界的な相互連結性を何らかの形で私たちに実感させる。こういったリスクはすべて、ある意味で、世界的なものだ——つまり、私たちが対処しているのは、空間的に、または時間的に、または社会的に限定された事故ではなく、空間的にも時間的にも社会的にも制限のない破局なのである。そしてそれらはすべて、成功した近代化の副次的効果であり、その副次的効果は過去に遡って、これまで近代化を推し進めてきた制度に疑問を投げかける。デジタルの自由のリスクに関して言えば、これには、国民国家が民主的な制御を実行する能力の破綻または(保険による保護などの)確率計算の失敗が含まれる。さらに、こういった世界的なリスクはすべて、所変われば違うように認識される。サミュエル・P・ハンチントンの言葉を少し変えて言えば、私たちは「リスク文化の衝突」に直面している。また、実存的な破局の増大にも直面しているし、ある破局がもう一つの破局を上回る恐れのある事態にも直面している。金融リスクが気候のリスクを「凌ぎ」、テロがデジタルの自由の侵害を「凌ぐ」恐れがあるのだ。ちなみに、このことこそが自由に関する世界的なリスクを世界中の人々が認識するための主な障害の一つであり、そのために、このリスクが部分的にしか公的な介入の対象になっていないのだ。

自由の権利の侵害によってもたらされるこのリスクを私たちがどう評価するかは、その他のあらゆる世界的なリスクに関する私たちの評価とは異なる。この自由のリスクがもたらす脅威は形のないものだ。生命を脅かすもの(テロ)ではないし、(気候変動のリスクや原子力のリスクのように)人類の生き残りを脅かしたり、(金融リスクのように)財産を脅かしたりするものでもない。私たちの自由の侵害には痛みは伴わない。それを感じることもなければ、病気や洪水、雇用の機会やお金を失う被害に見舞われることもない。人間が身体的に傷つけられることなく、自由は死ぬ。デジタルの自由のリスクが脅かすのは、近代文明が主に達成したことの一部「だけ」だ。それは、個人の自由と自律、プライバシー、民主主義と法律という基本的制度であり、これらはすべて国民国家を基盤としている。

このように、真の破局とは、行われている統制がますます完璧なものになったことで、その破局が姿を消し、見えなくなるときのことだ。こうなると、自由の死が差し迫っていることを受けた私たちの反応は、もっぱら技術的で個人的なものにとどまるほどになる。この意味で、自由のリスクの認識は、私たちがこれまでに経験してきた世界的なリスクの中で最も危ういものである。

社会的カタルシスの進行中のプロセスと世界中の反応が、大量監視に関する人権問題に焦点を当てた規範的視野を提起した。一方にはすべての人が自分の私生活を守る権利があり、もう一方には国家が個人情報を含む個人の自由を守る義務がある。情報を保護する義務と結びついたプライバシー保護の権利は、至上の国際的な人権だ。それは、一九四八年に国連で採択された世界人権宣言(第一二条)に謳われており、その法的な形式は、一九六六年に国連で採択された市民的及び政治的権利に関する国際規約(第一七条一項)で述べられている。これらの権利が意味するのは、個人情報は市民のものであり、国家や私企業のものではないということだ。

今日、後者の原則が脅かされている。だが、この事実の認知はかなり危ういものになっている。結局のところ、人々が確実にこのリスクを意識しつづけるようにすることで、市民を政治的行為に駆り立てることに関心があるのは、どの強力な行為主体なのだろうか？　最初に頭に浮かぶのは、民主主義国家である。だが、悲しいかな、これはキツネにニワトリの世話を頼むようなものだろう。なぜなら、国内的・国際的な安全保障における自分たちの主要な利害を最大化するためにデータに対する覇権主義を確立してきたのは、デジタル分野の企業家たちと手を組んだ国家そのものだからだ。この分野で公的および私的な情報管理の資源が広範囲に絡み合っているということは、私たちが、多くの人が期待するように、「世界国家」の方向に向かっているのではなく、民主的な振りをして民間部門を統制する匿名のデジタル中央集権に向かっていることを意味する。

私たちは、新たなデジタル帝国が出現しつつある、と口にしがちだ。だが、私たちが知っている歴史上の帝国のうちのどれも――ギリシャにしても、ペルシャにしても、ローマ帝国にしても――私たちの時代のデジタル帝国と同じような特徴はもっていなかった。デジタル帝国は、私たちがまだ真の意味で振り返って考えたことがない近代性の特徴を基盤にしている。それは、軍隊による暴力に依存していないし、遠く離れた地域を政治的・文化的に自分たちの国土に統一しようとするものでもない。だがそれは、広範囲かつ徹底的で、深いうえに遠くまで及ぶ統制を実行し、その統制は、いかなる個人の好みや欠点も最終的には公にする。私たちは皆、透明になりつつあるのだ。だが、帝国の従来の概念はこの種の統制を対象にしていない。さらに、重要な矛盾がある。つまり、私たちが統制の主な手段を提供するにもかかわらず、私たちが実行するデジタル上のその統制はきわめて脆弱なのだ。この統制の帝国は軍事力や、反乱や革命、戦争によって脅かされたことはないが、勇気ある一人の個人によって脅かされた。三〇歳の情報機関の専門家が、その情報システムを逆手にとって、その帝国を倒そうとする脅威を与えた。このような統制は実現不可能に思われるという事実と、それは私たちが想像するよりもはるかに脆弱であるという事実は、表裏一体なのだ。

では、匿名のデジタル中央集権に向かうこの動きに誰が対抗できるのだろうか？　議会や裁判所などの民主的な機構によって保証されている憲法上の権利だろうか？　悲しいかな、ドイツでは、憲法第一〇条に、「郵便と電気通信の秘密はきわめて神聖である」と明記されている。これは、遠い昔の世界での言葉のような響きであり、グローバル化した世界が提供する通信と統制の方法にはまったく適合しない。欧州には、優れた監督機関――強大な力をもつ相手に対抗する基本的権利を擁護しようとするあらゆる種類の機構――がある。たとえば、欧州司法裁判所（ＥＣＪ）、データ保護担当職員、議会などである。

そして、機能している制度が破綻する様子がまさにここにあるのだ。それらが国家の論理の枠内で設計されていることを考えると、コスモポリタン的現実に必要な機能は備えていない。ちなみに、これはすべての世界的なリスクに当てはまる。国家的な展望や、私たちの制度によって提供される政治的・法的制度を基盤にした回答は、もはや今日の世界リスク社会がもたらす難題に対処することはできないのだ。

もっとも、個人は完璧すぎるように思われるシステムに抵抗することができる。それは、これまでのどの帝国も提供したことがない機会である。もしもデジタルの自由が危機にあるならば、勇気のある人たちは、対抗勢力や、職場での不服従に訴えることができる。したがって、主な争点の一つは、私たちは大手のデジタル企業に、内部通報者の組合と、特に、職業上の抵抗の義務を、おそらくまずは国レベルで、その次に欧州レベルで、というようにして法的に履行させるよう強いるべきではないのか、だ。

二　社会のデジタルな変態、主観性、間主観性

誰もがデジタル革命とそれがもつ可能性について語る。デジタルの変態は、デジタル革命とは本質的に異なる。デジタル革命とは、相互連結性と世界的な交流の度合いが増していることをとらえた、主に技術的に決定された社会変動のことだ。革命の概念は、変化が意図的で単線的で進歩的であることを示唆する。したがって、それは、「発展とはインターネットに接続していることだ」というイデオロギーに近い（Slater 2013など)。

それに対して、デジタルの変態とは、意図的ではない、見えない場合が多い副次的効果のことであり、それは変態した主体――つまりデジタル人間――を生み出す。デジタル革命が依然としてオンラインとオフラインの明確な区別を示す一方で、デジタルの変態は、オンラインとオフラインのきわめて重要な絡み合いにかかわる(たとえば、Moore and Selchow 2012)。それは、デジタル人間に関することで、その変態した存在が、地位や社会的アイデンティティ、集団性と個人化などという従来のカテゴリーに疑問を呈する。人の社会的地位は、今やその人の職業上の階層における位置によって主に決められるわけではなく、たとえば、フェイスブックの「友達」の数によって決まる。そしてそこでは、「友達」のカテゴリーそのものが、必ずしも知り合いではない何かに変態したのだ。したがって、デジタルの変態は、人が予想するところではなく、予想しない場所で起こる。

ここで世界的リスクの解放的な副次的効果が生み出されるのだが、それはデジタル人道主義の期待である。その中心にあるのは、「データ保護とデジタルの自由の権利は世界的な人権であり、それはその他の人権と同様に広く行きわたらなければならない」という要求である。

スノーデンが大量監視を暴露したことは、もう一つの「解放的な天変地異」の良い例だ。一方では、その暴露は、民主主義が知らず知らずのうちに感知できないまま全体主義体制に変態しつつあることと、どのようにそれが起こりつつあるかを明らかにすることによって、人類学的な衝撃を引き起こしている。この民主主義の変態のプロセスは、機能している民主主義と法の支配という見せかけの裏側で、新たな形態の全体主義的統制を生み出す可能性がある。もう一方では、この衝撃と、二〇一三年中の、さらには一五年にまで続く非常に大きい政治的反動は、社会的カタルシスを引き起こし、規範と法に対する深い疑問を提起した。それだけでなく、国家と企業の強力な結託による全体主義的な監視の慣行に異議を唱える規範的な視野が生み出された。このことが、米国や英国のような自由主義や先進的な新自由主義の社会では、社会の(未来の)幸福や進歩の大半は、民間部門が主要な促進力だという信念によって立つという背景の下で起こる。良い統治というドグマと、世界の政治と国際機関の政治を形作るようになった経営者の言説を考えると、最近では、公的な問題は自然に、官民の協調を通じて、そして個人へより多くの責任を委譲することを通じて対処される。ますます、そして必然的に、こういった戦略はデジタル・データを土台にするようになる。ビッグ・データの分析によって健康問題を解決できるかもしれないという大きな望みがある。定期的にデータのクラウドソーシングを利用して、危機の状況に対処する。クラウドファンディングを通じた、芸術関連プロジェクトなどの(かつては公的に行われた)活動の資金調達は、ソーシャル・ゲーミングを通じた肥満または喫煙との「一般の人々の」闘いと同じくらいに一般的になった。だがこういった仔細な状況は、第一の近代性の時代の国内的・国際的な秩序を構成していた制度全体の特徴と正当性について確立していた理解が変態していることを意味する。国家の政治において、国際関係において、そして、民主的な手続きや法の支配に関して確立されている制度と規範、国家と市民社会との関係、公共政策と民間の経済的利益との関係、文化的規範の受容性、そして最後になったが重要なものとして、主観性の概念において、長期的な変態が進行しつつある。

このように、米国のNSAやグーグルなどによる大規模な監視という慣行は、やがて通り過ぎていくであろうスキャンダルとしてではなく、デジタルの近代性を生み出すことに成功したことの副次的効果として理解しなければならない。このデジタルの近代性は必然的に、官民と個人が奇妙に絡み合っている――したがって変態した――近代性である。

世界を再形成するための力の源としてデジタルのコスモポリタン化を用いる、新たな**デジタル・インテリ**、つまり新たな国境を越えたデジタルな知識階級が存在する。こういった専門家の知識共同体は、国民国家にも市民にも異議を唱える。その一方で、個人はデータの海を常に生み出す存在だ。データの産出は、ソーシャル・メディアのサイトなどを通じて、意識的に進んで行われもするが、携帯電話などの個人の機器や、磁気カードやバスの電子チケットといった最新の環境に組み込まれた監視システムを日常的に利用することによって、日々の生活の中で無意識に知らず知らずのうちにも行われる。

世界にデジタル的に存在すること、世界をデジタル的に見ること、デジタル的に想像して政治を行うことは、決して運命でも必然でもないし、誰もが受け入れなければならない新たな種類の「歴史の法則」でもない。その逆だ。それは、ある準拠枠組みを別の準拠枠組みに置き換える過程で起こる変態の形式でありプロセスであり、新たな準拠枠組みは今のところ未知で霧に包まれている。

三　展望

本章では、政治的・社会的秩序が壊れて、新しい秩序が生まれる変態の姿について論じた。これは、ＰＲＩＳＭの事例の助けを借りて例証された。従来の革命と異なる四つの「革命」の交差点において変態が明らかになる。

第一に、**デジタル革命**と対照的なデジタルの変態は、存在の様式の変態のことだ。社会的な親密さは地理的な近さと切り離されつつある。虚構と現実との区別が曖昧になりつつある。そして国民国家による統制(不)可能性の様式が、統制不可能であると同時に統制可能であるという矛盾と共に、姿を表し始めている。

第二に、「すべてを集めよ」が、NSAによって実践されている決定的に革命的な原則であり、憲法上の自由の原則をひっくり返している。「すべてを集めよ」——これは、この監視国家にとって、もう後戻りできない地点だった。この計画の実施を追跡した米国のある情報機関の元高官の言葉を借りれば、干草の山の中にある一本の針を探すのではなく、「干草の山ごと集めよう」というのがそのやり口だ。それが、世界的に統制不可能な監視体制へとつながった。「すべてを集めよ」は、民主主義システムの内側から生まれた、全体主義の制度化された手段の一つだった。

スノーデンの暴露が第三の革命的行為である。それは、目に見えないものを見えるようにしたので、革命的だった。

最後に、デジタルのリスクに対するコスモポリタン的視点は、代替的な行為に対する視野を切り開く。これらの新たな選択肢は、国、宗教、民族、階級の境界を超えて行為主体を横断的につなぐので、コスモポリタン的である。一つ例を挙げる。これは、対米国の闘いではなく、対NSAの闘いであり——憲法の伝統は非常に偉大なのでこの状況で破綻はしないと期待して——米国憲法を支持したものだ。したがって、スノーデンが提示する選択肢の一つは、米国憲法制度と判事たちが自由に対するデジタルの脅威に反対する歴史的判決を下すことを信じる、というものだ。忘れてはならない。自由という米国の伝統を守る義務を感じるのは、オバマ政権ではなく、憲法であり、法律家であり、立法者なのだ。

第一〇章　政治のメタ権力ゲーム——国家と国際関係の変態

本書の主張は、世界の変態が「起こりつつある」というものだ。だが、「起こりつつある」とは何を意味するのだろうか？　本章では、その答えの概要を述べる。社会学の用語では、変態は運命ではないし、生物学で言うところの自然の法則から起こる何かでもない。その違いはまず、私たちにはその結末がわからない、という点だ。第二に、それは、国の秩序と政治の正統性を守る人たちと、権力と政治の法則を書き換えることによってそれに異議を申し立てる人たちとの権力の闘争にかかわる副次的効果の政治である。私がここで紹介しているコスモポリタン的な中範囲の概念は、**政治のメタ権力ゲーム**だ。

「政治のメタ権力ゲーム」という表現で私が意味しているのは、規則に従う形で機能していた国内の政治と、規則を変えるという形で機能する新たなコスモポリタン的な世界の政治が完全に絡み合っているということだ。両者を、特定の行為主体、戦略または協調関係によって分けることはできない。国家的な時代が過ぎてコスモポリタン的な時代が出現するまでの中間地帯で、政治的な行為と権力が、完全に異なる二人が互いに織り合わさった二つのシナリオに従って進んでいることが明らかになる。世界の舞台には、異なる二人の演じ手がいて、それぞれの視点に従って二つの異なる劇を演じているのだ。だから、そこには、従来の政治ドラマと、それとは異なる新しい政治ドラマとの間で、また政治の国家的な世界秩序を守っているものと、権力ゲームの規則と役割をコスモポリタン的な方法で変えようとしているものとの間で、矛盾に満ちた織り合わせが存在するほどだ。

このゲームのたとえは慎重に解釈する必要がある。行為の空間はゲームのようには機能し**ない**。ゲームでは、プレーヤーたちが勝つために他者と争う中で戦略を採用し、審判がそれに目を光らせる。全員が参加する唯一のゲームなどというものはない。プレーヤーたちは同時に異なるゲームをする。実のところ、コスモポリタン化は、この事実から生じる混乱によって定義される。決められたルールもないし、コスモポリタン化された行為の空間の存在理由もなく、審判もいない。(たとえばボクシングとラグビーでは)ルールが異なることを考えると、正当な動きを決めたり、「勝利」と「敗北」が何を意味するかについて合意に達したりするのはもはや簡単なことではない。

同時に、この新しい制限のないメタ権力ゲームは、ひとりで闘えるものではないし、ましてや古い国民国家ゲームのルールに従って闘えるものではない。古いゲーム――それには、「国民国家」や「主権国家のウェストファリア的秩序」、「国家資本主義」、さらには「国民福祉国家」まで、多くの異なる名前がついている――は、世界の変態が新たな行為の空間と枠組みを持ち込んだために、困難に見舞われている。政治はもはや以前と同じように国境の制約を受けてはおらず、国家の行為主体や制度とだけ結びついているわけではない。だが、古い行為主体と新しい行為主体がひとりの個人の中に体現されることはあり得る。その人は、ゲームの場で、新旧両方の行為主体のサブ政治的でサブ革命的な役割と資源を定義し、創り出さなければならない。

一つの時代から別の時代への変態において、政治は特異な中間地帯に、「**二重の偶然性**を持つ中間地帯」に入りつつある。不動なものは何一つない。伝統的な基本制度も規則体系も、行為主体が担う具体的な組織化された形態や役割も、同じままではない。むしろ、それらは、国内の政治秩序を守る行為主体や組織と、それを変えようとする行為主体や組織との間の対立の中で、混乱し、再策定され、再調整される。重要なことに、この権力政治の変態は、単に認識の変化に関するものではなく、カテゴリー、台本、演技、演じ手、役割、教義、行為の空間における現実の混乱に関するものである。

この「変態をめぐる交渉」上の対立を、さまざまな視点から、つまりグローバル化しつつある資本の視点や市民社会運動の行為主体の視点から見ることができる。ここでは、この変化を国内政治の視点から見ていきたい。特に、EUの変態と、人類にとっての世界的な気候のリスクの力学における中国の関わり方という二つの事例に関して見ていく。

一　欧州政治の変態

EUはメタ権力ゲームの典型的な例である。欧州というのは、固定の状態ではないし、領土の単位でもなければ、国家でも国民国家でもない。実は、「欧州」というものはない。欧州化の変態というものがあり、これは進行中の変容のプロセスである。EUの場合、変態というのは、変わりやすい配置、変わりやすい国益、変わりやすい国内外との関係、変わりやすい国境、変わりやすい民主主義、変わりやすい国家の地位、変わりやすい法律、変わりやすいアイデンティティとも言い換えられる。政治的理論のパズルの一つは、「国民国家はいかにして自国のアイデンティティを失わずに国家主権の枠内で協力関係を築き、世界的な難題への答えを見つけるのか」という問題だ。

国民国家が欧州式の統治と協力の形態へと変態したことは、このパズルを達成するための大きな歴史的実験である。この変態の第一歩は、「副次的効果の政治」だった。欧州化のプロセス——EU条約で謳われている通りの「欧州の人々のよりいっそう緊密な結合の実現」——は意図されたものだったが、その制度的・実体的な結果は意図せざるものだった。特筆すべき事実は、統合のプロセスはいかなる基本計画に従ったものでも**なかった**ことだ。その逆で、ゴールはわざと決められなかった。欧州化は、制度化された即興という特有の様式の中で進む。

この「副次的効果の政治」には長い間、一つの大きなメリットがあるように思われていた。欧州化という絶対的な力が容赦なく前進する一方で、EUは独立した政治プログラムや確固たる目標、政治的正当性を求めていないように見えた。国民国家の政治からEU政治への変態は、最初の段階では、国民や国益、国の政治的信条からおおむね独立していて自分たち自身の理性の基準をもった**エリートたち**による国境を越えた協力を通じて起こり得るかもしれない。「テクノクラートによる政治」についてのこの理解は、政治的次元と反比例の関係にある。欧州の諸条約の枠組みは、副次的効果という裏口を通じて、国内政治の権力ゲームのルールを変えるメタ権力政治をこのようにして行うのだ。

欧州の「発明」は、公式の協議や民主的な手続きによってではなく、司法の規定と慣行によって生み出されたものだった。欧州の基本条約を、一九六三年と六四年の重要な判決で「憲法的憲章」という地位にまで高めたのは、欧州司法裁判所(ECJ)だった。

ここで、変態のもう一つの段階——一種の「コスモポリタン的乗っ取り」——がある。これは、各国の最高裁判所と協力したり衝突したりした「合法的な転換」によって推進され、さらに、各国の政府や議会によって、その国のもう一段進んだ運営の基礎として採用されたプロセスだ。このＥＣＪの「コスモポリタン的転回」が欧州に、公式の憲法を**もたずして**立法の行為に基づく権威ある形態の立憲主義を生み出した。欧州は、政治的理論のない政治的実践の産物なのである。

この点における政治の欧州的変態は、**拘束力のある欧州法を実行する**ことによって、国内の視野と連携したコスモポリタン的視野を制度化するという政治だ。ここから、各国の憲法上の国内的な行為主体および擁護者と、欧州法上のコスモポリタン的な行為主体とのメタ権力闘争が、今日まで続いている。「法律をめぐる政治」という文脈において政治のメタ権力ゲームが何を意味するかをここに見て取れる。一方では、憲法を適用することによって、古い国内的な法律をめぐる政治が機能していたが、他方では、この政治を変えることによって、欧州レベルでの新たな法律をめぐる政治が機能しているのだ。今ではこの二つは完全に絡み合っていて、切り離すことはできない。もはや単独ではこのゲームを行えなくなっている。展開しているのは、国の憲法裁判所の力が、ゆっくりだが確実にＥＣＪに移行されており、そのことが、実際に機能中の各国の憲法裁判所を根本的な矛盾へと追い込んでいる、という事態だ。一方では、各国の憲法に基づいて判決を下すことになっており、他方では、国内の法制度から欧州の法制度への変態が起こり、それによって自分たち自身の力が弱まることを予期せざるを得ないのである。

だがこの変態は一方通行ではない。ユーロ危機のおかげで、どのように欧州における国家的な考え方が喚起され、自由主義の経済学者だけでなく、あらゆる流派の政治家たちも、欧州的な準拠枠組みから、政治的にはドイツを準拠枠組みにする方向に移行しようとする努力をいっそう強めたか、その軌跡をたどることができる。結果として、次々と明らかになるユーロ危機の中で主権をめぐる対立が起こり、今もその対立は続いている。なぜなら、国民国家への回帰は、現在実施されている欧州中央銀行(ＥＣＢ)の金融政策によって妨げられてきたからだ。「ドラギ・ユーロ」との揶揄もある。それは、加盟国の財政政策に対しても多大な影響力を持つ不文律の緊急金融・財政政策のことだ。それを擁護するもの、つまりそれを正当化するのは、この緊急政策が危機から脱する道――今以下ではなく、今以上の欧州へとつづく道――を示せる、という主張だ。したがって、国家的な枠組みへの回帰は弱体化し、抑えられつつある。ユーロ危機という圧力の結果として国家主権を犠牲にし、欧州主権を支持する「主権の分割」という変態のためだ。

金融政策においても、行為の法則は、ドイツ財務省による制御から、危機において十分に行動できる唯一の行為主体であるＥＣＢへと移行してきた。この変態の動きの中で、最終的にたどり着くのが、「この例外的な通貨政策という状態で、誰がユーロ圏の金融政策を決定するのか?」という疑問だ。また、これはつまるところ、ドイツ連邦憲法裁判所によってＥＣＪに委ねられた疑問でもある。金融政策に対する国の主権の段階的撤廃に向かう第一段階として、この進展はドイツ国内で反ユーロ政党「ドイツのための選択肢(Alternative für Deutschland)」の設立につながった。この党では、方法論的なナショナリズムの虜になっている「ドイツ国家の経済学者たち」が団結して抵抗運動を組織している。

ユーロ危機におけるＥＣＢの政策をめぐる法的論争は、これが入り組んだ対立‐協力関係にどう発展するかを示している。一方では、ドイツ連邦憲法裁判所は、この問題には自分たちの司法権が及ばないと宣言して、ＥＣＪに助力を仰いだ。他方で、そうすることで、言ってみればＥＣＪの頭に銃を突きつけたことになる。もしも、ＥＣＢに制限を課すドイツ連邦憲法裁判所による政治的・法的決定をＥＣＪが阻止すれば、憲法裁判所はこの点に関してその遵守を拒むだろう。これは、国内法と欧州法との間で起きている、変態における前代未聞の対立を象徴するものだ。ここで特徴的なのは、ある種の利害の曖昧さである。裁判所は、ユーロだけでなく、とりわけ自分たち自身を――ますます重要になっている欧州という背景において関係性を失うことから――守りたい。言い換えれば、ドイツ連邦憲法裁判所は、欧州という状況でも自分たちの役割と力を強固にしたいのだ。つまり、自らのために政治を行っている。

欧州の変態は、国民国家の消滅を意味するわけではなく、「コペルニクス的転回」を意味する。太陽が地球の周りを回っているように見えるように、欧州が国民国家の周りを回っているのではもはやない。ちょうど地球が太陽の周りを回っているのと同じように、国民国家が欧州の周りを回っているのだ。これは、国民国家が、いやさらには国民国家という考えさえもが変態しつつあるということを意味する。

だが二〇一四年五月の欧州の選挙と反欧州政党の躍進は、コスモポリタン的欧州が反欧州政党によって転覆させられ、衰退しつつあることを示さなかっただろうか？　一見、明確な事例に見えることが、実は国家的な展望が生む虚偽なのである。それには、真に存在している欧州の変態という論理が欠けている。

次の段階は、欧州の議会選挙の歴史上初めて、さまざまな政党グループが欧州委員会委員長に候補者を出したことだった。その結果、欧州議会に参入した反欧州政党の勢力拡大は著しいが、同時に、今では欧州全体での投票で選ばれている委員長は民主的な選挙を通じて正当性を強化されたのだ。国政と欧州政治の間の相互作用と対立は、今度は、権力上の責任と権力上の地位との混同を表している。こうして、現行の規則に従い、委員長は、欧州理事会で権限を共有する各国首脳の推薦に基づくのだが、それと同時に欧州議会での承認を経て選出される。この選出の後、欧州委員会、各国首脳による欧州理事会、そして欧州議会で構成される権力の三角形であるこの曖昧な集団は思いがけなく、今以上の欧州、今以上の民主主義へと移行した。各国政府首脳の少なくとも一部は、欧州委員会委員長として保守派が推薦したジャン＝クロード・ユンケルという人物を拒否した。その結果が、民主主義の二つの捉え方の前代未聞の対立だった。一つは、国内の民主主義から育つもので、権力を求める欧州の主張に対して自らの立場を固守しようとする。英国のデヴィッド・キャメロン首相の立場がそれであった。もう一つの立場は、候補者の欧州での選挙が、その候補と欧州議会に新たな正当性と権力を添えたという事実を重視した。そしてこの選出が、欧州理事会によって拒否され、理事会の独断で非民主的に選ばれた別の候補者の擁立によって揺るがされると、欧州の民主主義が暗殺されることになるだろう。この対立において、ドイツのアンゲラ・メルケル首相は結局、(欧州における彼女自身の支配的役割に反して)欧州の民主主義を強めることと、それに従い各国政府首脳たちから成る欧州理事会の権力が同時に失われることに賛成した。こうして、選出されたEUの委員長――ユンケル――は本当のEU委員長になった。

これは、欧州の変態におけるもう一つの段階の完了を意味した。各国首脳から成り、したがって欧州における国民国家権力の選択肢である欧州理事会は、権力の縮小を経験し、逆に欧州の行為主体である欧州委員会委員長と欧州議会は、権力の増大を経験した。欧州委員会の新委員長は、一方ではこの権力の移行を強固なものにしようとしており、他方では、欧州議会とこの「支配権を握っている」委員会との協調関係を築くことによって、委員会に創造的な変化をもたらそうとしている。条約の下で、EU内で法案を提出する権利は欧州委員会に独占的に与えられている。同時に、欧州議会の明らかな(「適格」)過半数が第一読会と第二読会でそれを支持すれば、委員会は方向性を定める。つまり、理事会にはもはや最終決定権はなくなる。このようにして、ユンケル新委員長は、その民主的な正当性を、ある種の欧州政府権力へと変容させようとしている。委員会が提案をし、欧州議会のマルティン・シュルツ議長が必要な過半数を取りまとめることになっている。これは、欧州の各国首脳たちの力よりも優位に立とうとする新たな委員会と議会の権力軸だ。

欧州の権力構造におけるこの変態を、国家の行為主体や制度と、欧州のそれらとの間の権力関係としてのみ位置づけるのは、まったくの誤りだろう。反欧州政党に関しては、欧州から自国を脱退させるために、欧州議会に立候補していると理解される必要がある。だが、それらの政党が欧州議会に議席をもっていなければ、その反欧州の意見や目標に誰も注意を払わないだろう。ここには、欧州の民主主義を破壊したがっているある種の政治に欧州議会が力を与えているという矛盾があるのだ。

二　中国が国家としての自己確立を再調整するのに、いかに気候変動のリスクが利用されているか

異議申し立ての変態によって、変態の力と権力の変態が示される。この概念は、さまざまな形態のバッズ(負の財)の無知や否定と、コスモポリタン的な展望の感覚でナショナリズムを再定義する状況におけるバッズの診断との間の勢力争いに関連する。世界的なリスクに直面すると、既存の制度に異議を唱える新しい規範的な視野が出現する。国民国家はジレンマに陥っている。一方では、出現しつつある新たな規範

の予想に自らを合わせる必要があり、他方では、気候変動など、リスクの世界的な性質に対処することができない。本節では、中国の場合におけるこの問題を扱う。より具体的に言うと、中国最大の発行部数を誇る新聞である『人民日報』が気候変動についてどう書いているかについて取り上げる。この例からわかるのは、気候変動のリスクが、**世界的な**問題として、どのようにして「国内化されたコスモポリタン」の問題へと変換されるのかだ。これがその次に、中国の国内政治とアイデンティティにおけるコスモポリタン的転回につながっていく。

世界リスク社会の広がり――これが私の主張である――は、国家意識の再考に帰着する。この国家意識の再考は、人類に対する気候のリスクの診断と認識という状況で起こる。国家が他国との関係において自国の自己理解を再交渉せざるを得なくなる、社会のあらゆるサブシステムを脅かす世界的な金融危機、または人権問題という状況でも起こる。移民の流れ(たとえば、違いとの直接的な遭遇)や世界的なテロ(たとえば、市民社会に対する実存的な脅威を突きつけ、ホッブズの契約の変数を変える)、グローバル世代(デジタルで育ち、「デジタル市民」になろうと奮闘している)、世界の宗教の世界的・局所的な浸透(たとえば、民族宗教的な国外移住の急増)についても同じことが言える。これらは、世界リスク社会という状況下での国家意識の再定義に関する国内および世界規模の対立を形成している世界的な背景のほんの数例だ(Beck and Levy 2013)。

中国は、二つの理由で、特に興味深い事例だ。第一に、中国は最も重要な発展途上国であり、気候の政治の規範的視野がすでに地球全体に行き渡っていることを実証している。第二に、中国では、国家当局が強力な役割を演じているが、『人民日報』においては特にそうで、この新聞が共産党の骨格であり、公式の声だ。

以下で、気候変動問題の国家的な枠組み下での政治的かつイデオロギー的な言説の戦略について考察する。茅知非の研究「コスモポリタニズムとリスクに関するメディアの説明」(Mao 2014a)を用いて、責任、結果、対立、道徳、人間の興味、リーダーシップに関する懸念についての考察を進める。

『人民日報』の報道で明らかな中国国内政治の異議申し立ての変態には、二つの局面がある。

第一局面——文化大革命前と革命中の気候変動のリスクとその背景

この段階では、『人民日報』における気候変動についての報道は、まずはこの問題を見過ごし、次にこの問題を否定し、そして数年間にわたる沈黙という三つの段階を踏んだ。「見過ごす段階」は、一九七三年に世界的なリスクに関連して気候変動について述べた初めてのニュース記事を発表するまでのことだ。「意図せざる沈黙」といったもののために、中国内で気候変動が世界的なリスクとして概念化されていなかったという意味で、これ以前は「見過ごし」の段階だった。単純に人々がこの問題のことを知らなかったためという意味で、この沈黙は意図的でなかったのである。したがって、たとえば、当時の大半の中国人は、彼らが直面した異常気象を、気候変動という世界的なリスクと関連させて概念化することはなかっただろう。

そして、気候変動が世界的なリスクであることを否定した記事(Zhang and Zhu 1973)の掲載とともに、「バッズの否定」の局面に入った。興味深いのは、『人民日報』がこの件を最初に取り上げたとき、世界的な気候のパターンが大きく変化していると書いていた点だ(文化大革命中のことである)。

文化大革命前と革命中、気候変動の問題は、社会主義者の進歩信仰もあって、相対化または無視された。文化的ペシミズムだとして、バッズやリスクに関するいかなる考えもカテゴリーごと全面的に否定する戦略の対象だったのだ。

世界的な「異常気象」について触れた一九七二年の「近年の気候変動に関する議論」という記事(ibid.)は、二人の気象学者によって書かれた。それは、帰結の枠組みを用いてこの問題を表現したもので、「社会主義は災害を防止するので、人類は自然を征服するにちがいない」と断言することによって、気候変動の破壊的な結果を否定した。この記事の冒頭では、異常な天候についての世界的な懸念について述べる専門的な表現を用いており、気候変動を測る手段として平均気温の動きを紹介した。この表現は、文化大革命前の気象学研究についてのマスコミの報道における専門的な表現や非政治的な論調と一致していた(Xinhua News Agency 1962)。この記事の著者たちは、一部の気象学者たちの「人類は再び氷河期または小氷河期に直面するかもしれない」という「懸念と恐れ」に反駁することによって、気候変動が世界的なリスクであるということは否定したが、天候の異常さは世界中の農業や人々の暮らしに密接に関連していると主張した。この記事の最後で、打って変わって非常に政治的かつイデオロギー的な表現を用いて、中国の人々がいかにして毛主席のリーダーシップの下、一九七二年の干ばつ災害を乗り越え、「大豊作」を達成したかに触れて、毛主席の戦略と社会主義のすぐれたメカニズムを賞賛した。

この記事は、「沈黙という解毒」(Beck 2009: 193)という話法を採用しているように思える。リスクに関する表現は、現在の社会・政治システムが確実に円滑に運用されるために沈黙させられるか、社会的に無視される、というものだ。だが、この記事の掲載には別の意味もあった。ここで重要なのは、中国国内における気候変動についての論調の細部である。それは(欧州の一部の国に見られたように)下からの絶え間ない抗議と改革活動というのではあまりない。つまり、欧州の一部の国での「沈黙という解毒」は、環境保護団体や一部の科学者たちによる気候変動の診断**後に**起こったのである。だが中国の場合には、逆説的な瞬間がある。この記事は——その背後にある政治的意思に反して——気候変動問題の緊急性を暗に認める役割を果たした。それは、気候変動が世界的なリスクであることを否定していたが、見過ごす段階の沈黙を破り、彼らの生活に存在する異常な気候に対する別の説明——世界レベルでの気候変動——があることを何百万もの中国人読者に示したのだ。

こうして、一九七三年の記事の後、**意図的な沈黙**の段階に入った。これは、それ以前のこの問題に対する意図的ではない見過ごしに代わって採用された、引き続いての「沈黙という解毒」戦略である。この二つの沈黙期間の違いは、気候変動と世界的なリスクとに関連性があるかもしれないことを知っているか知らないかにある。この問題が一九七三年に提起されたとき、フラッシュバックはまったくなかった。世界的な気候変動とリスクという話題はそれ以来、中国の人々の準拠枠組みの中に「植えつけられ」たままである。このように、第一歩として、新たな世界の視野の始まりが生み出され、確認された。少なくともこの場合には、気候変動が世界的なリスクであるという発言に対する反論は、「沈黙という解毒」の役割だけを果たしているわけではない。

第二局面——文化大革命後

第二局面では、中国の国内政治とアイデンティティの変態が明らかになる。

文化大革命の後、一九七七年から八七年の間に、『人民日報』の三つの記事の見出しに「気候変動」という言葉が表れた。文化大革命中に掲載された記事と比べると、気候変動の枠組みに大きな変化が三つあった。第一に、こういった記事の枠組みが多様になった。ジャーナリストたちは依然として、世界のエネルギー問題、人口問題や食糧問題などの気候変動の影響について懸念していた(Zheng 1979)。一方で、気候変動問題をめぐる人々の関心や、気候変動を引き起こしている責任の帰属など、他の側面を強調し始めた(Xinhua News Agency 1980)。第二に、一九七三年に掲載された記事と違い、文化大革命後に掲載されたある記事は、「気候変動から恩恵を受ける地域もあるだろうが、損害を被る地域もあるだろう」と述べることによって、気候変動が人々に及ぼすマイナスの影響を部分的に認めた(Zheng 1979)。また、その記事は第一回世界気候会議に触れ、二酸化炭素排出量の問題を浮き彫りにした。この筆者は、「人類は自然を征服するにちがいない」と宣言する代わりに、「気候変動のパターンを知る」ために、科学を信頼していることを示した。最後に、この期間に書かれた関連記事には、社会主義のイデオロギー的な用語や毛主席の名前は登場しない。これら三つの記事はどれも、気候変動の枠組みを作る際に専門用語を頻繁に用いた。

中国の羅旭代表によって「私たち」という重要な言い回しが使われたという点で、国の責任が再定義されていることが明らかである。彼は気候は世界にとって非常に重要な問題であると主張し、「**私たち**が行動をとらなければ、深刻な影響があるだろう」と述べた。また、この問題に対処する世界的な責任を共有するために、中国と他の国々を指す「すべての国々を含めた私たち」という表現を使った。これは、別の記事を通じても全国的になった。

事実は言葉よりも多くを物語る。二〇〇九年は中国経済にとって、二〇〇〇年代に入って最も厳しい年となっている。だが、地球の気候と環境を守るために、中国国民はこれまでできる限り積極的かつ真剣に行動してきたし、今もそうしており、世界中の人々に責任ある国という偉大なイメージを示している(Lin and Yang 2009)。

だが、「すべての国々を含めた私たち」は再び終わりになり、先進国と途上国、資本主義の北側と中国とが区別されるようになった。世界レベルでの気候変動に関する話し合いに中国が参加したごく初期の頃から、『人民日報』は、「先進国がこの問題を引き起こしたのだから先進国がより大きな責任を負う必要があり、中国を含めた途上国は圧力をかけられるべきではない」という点を強調する責任の枠組みを用いた(たとえば、Xie 1991; Xinhua News Agency 1994; Zou 2007)。

温家宝首相が国内的にも国際的にも、いかに効果的かつ効率的に気候変動の問題に取り組んでいるかを伝えたこういった記事は二一に及ぶ。このような記事は、温首相が温室効果ガスを減らす中国独自の戦略を主張し、いかに国益を守っているかを強調する一方で、地球全体の問題を解決するための責任を負うことでコスモポリタニズムの感覚を呼び起こそうとする。『人民日報』の一面に掲載された典型的な記事は、温首相が二〇〇九年の国連の気候変動会議に参加したことを、途上国と先進国の両方の政治指導者たちとの生産的な議論として伝え、また、温首相は「誠実で自信に満ち、強い意思を示した」と書いている(Zhao et al. 2009)。この意味で、気候変動は、政治指導者のイメージを良くするための基盤として用いられた。

ここでわかるのは、四つの構成要素が一体となって、この異議申し立ての変態が起こっているということだ。一つめは、気候変動の世界的な性質を真剣にとらえるコスモポリタン的な感受性の登場があったことである。二つめは、この状況にかかわる中で、「開かれた、責任のある国」という自己理解の再定義があったこと、三つめは、中国が自国を、支配的な北側に対抗する「第三世界の国」と位置づけたこと、そして四つめは、中国共産党の当時の指導者が個人的に、自分を「責任ある開放的な」指導者に見せようと必死に努めたことだった。

中国の事例で興味深いのは、変態が下からの抗議と改革活動によるものではなく、権力の座にある人たちが心に描き、口火を切り、推進するものであり、その人たちが共産党内でのリーダーシップに変化をもたらすために利用するものだという点だ。

第一一章　コスモポリタン的リスク・コミュニティ
——国際連合から世界都市連合へ*

国家的な見地からすると、都市が世界政治の中で果たす役割は、興味深いが明確なものではない。都市は、国家的・国際的な枠組みの中では、依然として従属的な行為主体である。コスモポリタン的見地から世界の変態を見ると、国家と都市の関係が逆転する。国家は、世界的・コスモポリタン的なリスクに直面して、利己主義的な支配という虚構から抜け出せずにいて、失敗する。だが都市は、国家的な器という虚構の中に閉じ込められてはいない。それどころか、歴史的に都市は自立した地位を占めてきた。都市は世界的なリスクに直面して、協力によるコスモポリタン的政治に対して、より門戸を開いている。その結果、国家と都市との関係が入れ替わる。都市はリスクにさらされている世界に対する答えを見つけるための一つの実験としてコスモポリタン的近代性という課題を引き受ける先駆者へと変貌する。したがって、コスモポリタン的行為主体としての都市の枠組みは、国際関係の変態だけでなく、国際立法の変態をも浮き彫りにする。

本章は、世界政治において単独の都市が果たす役割についての章ではなく、世界的なリスクに直面した数多くの都市——コスモポリタン的な行為の空間において積極的な役割を果たす——の間の協力についての章である。この点において、都市は特異な行為主体であり、市民社会の行為主体や、市場参加者、宗教的な活動や組織といった他の(サブ)政治的な行為主体とは異なる。都市全体がまとまって、拘束力のある意思決定を下すことができる。都市連合は国際立法に積極的に組み込まれている。そして、伝統的な民主主義の実践や難題にさらされてもいる。市長はこういった難題に直面しながらもどれだけのことを達成してきたかに基づいて再選されなければならないからだ。

だが都市はどのようにして「想像のコスモポリタン的リスク・コミュニティ」に変わるのだろうか?本章では、コスモポリタン的理論化のための中範囲の概念として「想像のコスモポリタン的リスク・コミュニティ」という概念を紹介する。誤解のないように言うと、「コミュニティ」という概念は「ネットワーク」という概念とは異なる。コミュニティというのは、つながり合い、持ちつ持たれつの関係であるということだけではない。情報を交換したり、共通の問題について話し合ったりするために定期的に集まるという以上のものだ。リスク・コミュニティの特徴的な指標には、立法と政治的意思決定が一体化したプロジェクトや、都市の境界を超えた市民参加の形態などがある。だがこれらは進行中のプロジェクトだ。それらは制度上でも明白であるかもしれないが、現在のところ、展開中のプロジェクトにおいて明らかな「だけ」の可能性が高い。この状況は現在、「市当局の主意主義」によって形成されている(Bulkeley 2013)。

このようなプロセスについての社会学的な考察は、こういった制度についての一般の人々の議論を喚起したり、その創出を後押しするかもしれない。

一　世界都市のレンズを通して見える世界的な出来事の変態

こういったテーマについて詳しく述べるためには、変容と変態との区別に立ち戻るのが有用である。変容の準拠枠組みを通して政治的意思決定と集団行動を見るということは、国際機関、同盟、地域戦争、「破綻国家」などだけでなく、国内政治の困難な事柄(たとえば、選挙、さまざまな政党の変化、国や地域の秩序における変化など)に焦点を当てるということだ。この観点からすると、私たちが今日直面している新たな難題に関しては、世界都市は、政治的にはそれほど重要でないように思われる。

この国家的な枠組みの中では、優先事項は明確である。すべてが主に地政学的な権力の移行を軸に展開しており、そこでは、世界政治の国内－国際的な秩序の再生産はいつも暗黙のうちに前提となっている。現在、たとえば、二年以内に中国が米国に代わって世界の支配者の地位に就くかどうか、アラブの国家が混乱に陥るか過激な原理主義者たちに侵略されるかどうか、一つにまとまることが不可能なEUが、その世界的な経済的立場にもかかわらず主流から取り残されつつあるのかどうか、という問題に多くの注意が向けられている。ここでは、国際政治のモデルでは不変のものとして仮定される世界政治の無政府的性質が、賞賛されはしないが、「最低限(à la baisse)」の論で擁護される――つまり、それが最悪のシステムの中でいちばんましということだ。他のいかなるシステムも、国家的な視野には想像できないものに思えるか、または混沌とした状態につながるように思える(と主張されている)。

ここでの変態は真逆のものを意味する。つまり、国内・国際政治が、世界都市と世界情勢におけるその新興勢力の枠組みの中で、そのレンズを通して見られる、ということだ。準拠枠組みにおけるこの変化によって、まず私たちは、国民国家と世界都市との間の相互依存と勢力争いに起こっている世界の実際の変態に気づき、コスモポリタン的な気候政策に対する新たな視点を開く。

①気候変動のリスクがもつ解放の可能性は、国民国家の参照基準の中においてではなく、世界都市の参照基準の中において明らかである。国際連合ではなく、世界都市連合が未来のコスモポリタン的な機関となるかもしれない。なぜなら、国民国家と比べて、世界都市の同盟は、世界政治——一方では、世界的なリスクに直面し、他方では、国民国家がこういった難題を抱えて多かれ少なかれ降伏しつつあるという事実に直面している——において、新たな主権と権力と先駆的役割を獲得しつつあるからだ。

②ある異なる政治の論理が明らかになる。「友好国か敵国か」の論理から、「協力」というコスモポリタン的政治の論理へと移行するのだ。忘れてはならないのが、後者にも実存的な対立はある。コスモポリタン的政治の論理は認識論的な意味合いをもつ。「政治的なものの変態」がここで意味することの本質をそれは表しているからだ。

③こうして、なぜ私たちが方法論的なナショナリズムから方法論的なコスモポリタニズムに移行しなければならないのかが再び明確になる。国家的な準拠枠組みである方法論的ナショナリズムでは、私たちには世界政治の急速な変態が見えなくなり、そのために、コスモポリタン的な展望の中でしか提起されたり、分析したりできない問題も見えなくなる。その展望は、世界都市が果たす新たな世界政治的役割にとって最も重要になってくるものだ。

二　コスモポリタン的リスク・コミュニティ

世界的なリスクの時代におけるコスモポリタニズムの行為主体、つまり担い手は誰であり、どこにいるのだろうか？　この疑問に答える際に、二つの誤りが目立つ。一つは悲観論で、コスモポリタニズムの行為主体または担い手など**いない**というものだ。これは、思考が国民国家というカテゴリーに固定されている人たちの「現実的な」答えである。

それと反対の見解は、私たちは世界都市連合という、新しい世界の革新的な主体の誕生に立ち会っているのだという主張だ。この立場が問題なのは、それが、形こそ異なるものの、「世界都市が労働者階級の代わりをする」として、社会主義の誤りを繰り返している点である。

それに対して私は、主に実証分析的な性質をもつ第三の立場を提案する。この立場からすると、世界都市政治は地方と世界の統治をつなぐ地方横断的な世界政治へと変容する。この政治は、国内・国際的な世界政治と競い、協力し合い、そして、市民社会運動の世界的なサブ政治と協力する。この第三の視点が、都市の政治的な空間の変態にとって最も重要になってくる。このために、**コスモポリタン的リスク・コミュニティ**という概念を導入しよう。この概念は、コスモポリタン的な理論化と研究にとってカギとなるもので、以下の構成条件を組み合わせたものだ。

①**世界リスク・コミュニティ**　世界都市の経験的な空間において、目に見えないリスクが見えるように

なることが多い。世界都市を有害な雲で包み込むスモッグのことを考えてみてほしい。このように、世界都市は解放的な大惨事の反映と象徴になる。国民国家の世界は、各国が自国のエゴで互いに妨げ合うので、破綻の象徴となる。一方、世界都市は、崩壊と覚醒の相互作用の象徴となる。ここでこそ、世界的なリスクの衝突が日常的な経験の問題となるが、世界の不平等や世界の紛争(中東の紛争が、パリやロンドン、ベルリン、ローマなどの通りで繰り広げられる)が先鋭化し、自殺行為的な資本主義と生き残りの資本主義との間の闘いも目に見える日常事態となる。世界都市では、世界の見方、世界でのあり方、想像の仕方、政治のやり方がさまざまに異なる、世界中のグループの多様性の衝突も日常的に起こっている。この意味で、世界都市は、コスモポリタニズムの実験の場である。どうすれば、世界や世界の歴史における違いが一つの政治の場で共存できるのだろうか?

だが、世界都市という環境で、世界的なリスクが生み出す問題を、痛みと対立にまみれながら日常的に経験することは、効率的な気候政策の実施などの共通の目標を追求する世界都市コミュニティを形成するために必要ではあるが十分な条件ではない。気候科学者たちの多くがそうだが、気候の天変地異が差し迫っていることへの洞察から、「合理的」必然性の問題としてこの後に政治の変態が起こると結論づける人々はある誤りに陥っている。多くの――特に全力を投じている――気候科学者たちは、自分たち自身をこの袋小路に追い込んできた。彼らは、なぜ、あらゆる国、宗教、民族の富める者も貧しい者も、男性も女性も、黒人も白人も結局、最も重要な生き残りへの関心から**ホモ・エコロギクス**(訳注　ドイツの人間学者エックハルト・マインベルクが著書『エコロジー人間学　ホモ・エコロギクス――共-生の人間像を描く』(壽福眞美・後藤浩子訳、新評論、二〇〇一年)で提唱する、身体や自然と調和した、あらゆる生命と共生する二一世紀の人間像のこと」にならないのかを理解することがまったくできない。なぜ人類皆が小さな気候科学者にならないのかがわからないのだ。認識されている問題の「客観性」に基づく、政治的行為と日常の行いの変態に対するこの推論は、社会学的にも政治的にも甘い。彼らは、人々が小さな気候科学者のようには振る舞えないと気づくと、民主主義を軽視せざるを得ないように感じ、それどころか民主主義を時代遅れだとみなさざるを得ず、そして「ガイア」理論や環境独裁主義の変異体に解決策を求めるしかないようにさえ感じる。

②コスモポリタン的コミュニティ　世界的なリスクの日常的な経験の構成条件は、爆発的な多様性の衝突を建設的な政治的転換へと導くことを可能にする下からの学習プロセスが生じつつあるのかどうか、そして、それはいかにして可能かという問題によって補足されなければならない。ここで問われているのは、世界都市という環境の中でコスモポリタン的な常識が形を成しつつあるのかどうかだ。つまり、先の第一条件が、「コスモポリタン的**リスク・コミュニティ**」を指す。それに対して、ここで論じる第二条件は、「**コスモポリタン的**リスク・コミュニティ」の起源という問題を提示する。日常の、しばしば容赦なく迫る衰退の見通しから生まれる希望は、政治的権力を獲得することができるのだろうか？

　この意味で世界都市という環境は、日常生活に広く存在し、あらゆるところに行き渡るコスモポリタン化を特徴とする。特に自分たち自身のなじみ深い世界にいる地元の人たちにとっての、万人の万人に対する全般的な疎外という経験を含む過敏症もまたその特徴だ。ここに、誰も逃れられない学習の場、学習の指令が生じる。外国人に対して増大しつつある敵意への抵抗から起こるコスモポリタニズムである「移動しない人々のためのコスモポリタニズム」だ。

世界都市の気候政策に最も重きを置くなら、不快な疑問を投げかけることも重要だ。すなわち、世界都市によって必要とされ行使される気候変動政策は、同じように世界都市で暮らす住民がいる世界の他の文化や部分では、その方向づけをするのは気候変動否定論者ですらなく、そこでは「気候変動」という言葉すら存在しない、という事実にどのように対処するのか？　気候変動、爆発的な多様性、世界の変態との間にどのようなつながりを築くことができるだろうか？　世界都市の気候政策は、南北の世界都市の内部やその間にある世界的な不均衡――これが気候のリスクの源でもある――によって妨げられているのだろうか？　それとも、その反対に、「多くの場所とつながりが深い」生活様式や考え方を培う移住者たちが、家庭内で、または祖国で、または自分たちのネットワーク内で、気候の擁護者になる可能性はあるだろうか、という疑問だ。

リスク・コミュニティの概念は、懸念や「ケア」の概念を前提としている。破局が予想されると、自分自身に対する懸念は、ほかのすべての人に対する懸念になる。よくよく考えると、これには二つの意味がある。自分自身に対する懸念には、自分の敵に対する懸念も含まれる。だが、すべての人とすべてのことに対する懸念から、新たな敵意と新たな実存的な対立――この懸念を侵害する人たちとの対立――が起こる。

だが、この意味での世界都市のコミュニティを**コスモポリタン的**世界リスク・**コミュニティ**と理解するならば、「コミュニティの構築が可能なのは、価値観と規範の共有を通じた**プラス**の融合に基づいている場合のみである」という社会科学における一般的な前提を捨てなければならない。その代わりに、その理解は、別の形のコミュニティ――**マイナスの**価値観（危機、リスク、絶滅の恐れ）をめぐる対立の過程で生まれるコミュニティ——の構築も可能であるという、解放的な天変地異説を裏づける。

さらなる一歩が必要だ。解決策は、テクノクラートによって強制されたトップダウン式の合意によって生み出されるものではない。この問題の明らかな性質を考えると、都会的であって世界の一般市民に向けられたものであるボトムアップ式の対立をめぐる言説、つまりネットワーク化された共同活動に対する要求が起こる源となる言説は、世界都市という環境の中で生まれ得るのだろうか？ 当然ながら、これもそもそも、探求すべき問いにすぎない。

したがって、私たちは、世界の終末を思わせるようなリスクのグローバルな性質それ自体が政治的行為の共通性を生み出すとは仮定しない。日常におけるコスモポリタン的相互作用の実験的な空間は、万人による万人への愛としては生じない。それは、決定的に明らかになった世界的なリスクの日常的な窮状に対する世界共通の憤りの中にあり、そこから生まれるのだ。このようにして、世界的な都会の規範——協力せよ、さもなければ破綻する！——はその力を伸ばすことができる。これこそが、私たちの言う「都会のコスモポリタン的な現実政治」の意味するところだ(Beck 2005)。このようにして、国、民族、宗教のあらゆる境界や部門を超えて日常生活の中で人々に受け入れられる脅威の定義が明確になる可能性がある。その結果——解放的な天変地異説に従って——、国の空間と類比的な、そして、それと競合する形で、民主的な政治的行為を築く**可能性がある**(が、必ずそうなるというわけでは決してない)共通の責任と行動の空間が創出され得る。こうなるのは、受け入れられた脅威の定義が、一方では世界都市の日常生活で容赦なく目に見えるようになるが、それと同時に、個々の行為のさまざまな視野の中で答えられるようにもなったときだ。また他方では、それは、世界都市の世界的な政治的役割のために、世界的な規範と合意にもつながる。このように、世界都市は特に国民国家とちがって、共有されている脅威の定義から拘束力のある実際的な約束へと踏み出すことが困難であるようにうまく見せつけられていることに打ち勝つ機会を提供する。いずれにせよ、気候変動に内在する憤りからコスモポリタン的かつ民主的なコミュニティの構築がなされる可能性は、特に世界都市という環境で非常に大きく明らかになりつつある。憤りの潜在力、予想される大惨事の力を、非常にわかりやすい制度的かつ民主的な政治形態にまとめ上げる機会は、世界都市と、その公式・非公式のつながりの中においてより他にはない。

③**世界都市の主権と形成力**　いま見てきたように、「コスモポリタン的リスク・コミュニティ」の概念には、①「**世界リスク・コミュニティ**」と②「**コスモポリタン的**世界リスク・**コミュニティ**」の両方が含まれると同時に、その二つの間の関係も含まれる。この意味で、世界都市は崩壊と覚醒の相互作用の象徴となる。だが、それだけではない。これに、重要な条件としてさらに付け加えられなければならないのが、地域レベル・世界レベルでの**世界都市の主権と政治的・法的組織力**だ。世界都市が国民国家の政府と司法権の空間からどれくらい切り離されてコスモポリタン的コミュニティを形成するようになるかという質問に対しては――どうやら――すべての世界都市が同じように答えられるわけではないかもしれない。実証的な研究によって、これは、米国や西欧の世界都市にはより当てはまり、中国やロシアの世界都市にはそれほど当てはまらないことがわかっている。

ここで、世界都市の主権に関する問題は、世界都市がその国民国家の支配からどの程度まで自分たちを法的・政治的に解放できるか、またはできないかに関する問題と同等に扱われるべきではない。「都市の対外・対内政策」というものもある。たとえば、都市は、移住者の都心部への定住という問題にはいくらかの自治権をもつ。国籍や宗教の異なるグループを異なる地区に住まわせる分離戦略をとるか、多文化主義のモデル――つまり、移住者グループを混合で定住させる戦略――に倣うかどうかを決めることができるのだ。そして、世界都市「連合」の概念も都心部の意味合いを持つようになるだろう。

同時に、研究からは、世界都市間のつながりと、世界的な規範構築プロセスへの世界都市の参加、そしてもちろんそのプロセスにおいて世界都市が口火を切る役割が増大していることもわかっている。こうして、世界都市連合の萌芽的な政治構造が姿を現しつつある。バルクリーらの研究では、そのデータベースに、ここ数十年間に立ち上げられた、国境を越えたさまざまなイニシアティブが六〇ほど記載されている(Bulkeley et al. 2012)。C40都市気候リーダーシップ・グループ(C40 Cities Climate Leadership Group)、市長の盟約(Covenant of Mayors)、気候保護のための都市(Cities for Climate Protection:CCP)プログラムなどが代表的で、特に二〇〇四年に設立された世界都市連合と地方政府(United Cities and Local Governments:UCLG)は統括組織である。

最後に、「保守」と名の付く政治的・イデオロギー的志向は、世界都市の多様性という爆発的で実験的な環境では、大多数の支持を得る力を失いつつあるということは驚くほど明らかだ。国を中心とした政治と世界都市の政治との関係を描いた世界の政治地図があれば、世界都市は、国を中心とした保守的な政治という黒い海の中に浮かぶカラフルな島々として際立っていることがはっきりわかるはずだ。これは、ニューヨークにも当てはまるし、形は違えどもロンドンやソウル、チューリッヒにさえ当てはまる。

世界都市における勢力争いにおいてその声が影響力を増しているのは結局、国境を越えたネットワークで活動し生活していて、その能力および(周囲の)実験精神を経済的な成功と結びつけている専門家の知識階級だ。今の段階で、専門化した知識階級をどの程度まで「発想の源で権力の持ち主である」と言えるのかは、政治的にも社会学的にもまだ議論の余地がある。だが、世界都市は確かに、ますます従来の資本主義に幻滅するようになっている、そしてそれに代わる、環境に優しい新たな選択肢を探求し、実施したいと願っている若い中流階級の専門家たちの大部分が生活の場としているところだ。社会運動理論の用語で言うと、世界都市は、さまざまな資本主義の新興「改革集団」が存在するところである(Chiapello 2013)。こういった集団は、資本主義に対する具体的な環境批判を共有する行為主体――活動家、コンサルタント、労働組合、環境技術企業、環境問題への意識が高い政策立案者など――を新たな政治集団に創り上げる。資本主義のグリーン化は都市で始まるのだ。

だが、保守政党のイデオロギーや、国レベルでの権力争いにおける切り札である保守の候補者たちが世界都市で多数派への浸透力を失ったという事実こそが、それを物語る。さらなる要因は、国境を越えた世界都市の専門家たちが持つ多数派への浸透力である。総合すると、このことは、「コスモポリタン的世界リスク・コミュニティ」のようなものが実際に形を成しつつあることを示すものと理解できる。そして、「世界都市の軸」は、現在における未来の足がかりとなるだろう。政治的な言葉で言い換えると、これは「国際連合から世界都市連合へ」という言い方でとらえられる。

世界都市というコミュニティの変態が展開しているプロセスは、異なる三つの事例研究を通じてさらに深く掘り下げることができる。その三つとは、交通の変態、リスクによる損失、対立の変態である。

三　交通の変態

交通の変態は誰の目にも明らかだ。自転車など、少し前には時代遅れに思えたものが戻ってきている。価値が見直されるようになったという意味での回帰だ。入れ替わりに、かつて進歩と名声の象徴だった自動車は、リスクとバッズの根源として価値が低められるようになった。自動車文化が世界全体に広がるにつれて、それは都会の生活と空間形態の多くを形作るようになった。たとえば、徒歩、自転車、鉄道といった他の「公共」の様式は、至るところに存在する自動車の交通より下位の「準個人的な」移動手段という位置づけにされたことなどがある。だが近年、環境や健康上の高まる懸念による重圧を受けて、自動車運転に対する都会のこだわりは世界中で真剣に見直されつつある。自動車が厄介で「汚い」ものだという認識が高まるにつれて、都市は、公共交通機関や自転車専用レーンの拡大から、移動の必要性を減らす新たな形態のコンパクトな混合都市開発まで、さまざまな代替的な方法を試みるようになっている。持続可能な都市計画に向けての試みにおいては、歩行者と自転車利用者が「移動手段の階層」の上位である一方で、自動車は最下位に位置する(Banister 2008)。

近年、いくつかの都市が輸送手段グリーン化政策に取り組んでいることで知られるようになり、この知識が広まって、他の都市でも実行されている。たとえば、ロンドンは、二〇〇〇年代前半の長引いた政治的な争いを経て、今では、都市中心部の交通量を減らす混雑課金制度を効果的に実施した都市として認識されている。そして同市が二〇〇六年に混雑課金制度を導入すると、ストックホルムがロンドンの例を足がかりとすることができた。同様に、韓国の昌原《チャンウォン》市は、パリが二酸化炭素排出量を減らすための効果的な自転車政策を実施してきた都市だと考え、市独自の政策を導入する際に、パリ市が運営する「ヴェリブ」自転車プログラムから学ぼうとした(Lee and van de Meene 2012)。横浜市は日産自動車と提携して、電気自動車のカーシェアリング制度を導入済みであり、都市化している日本全体に(できることならその外にも)この制度を広める計画である。一方、マンハッタンの商業地区は、デンマークのコペンハーゲンが自転車の利用を増やし自動車の利用を減らすために大々的に実施している歴史的な実験から学ぼうと、「コペンハーゲン化」を行っている。

すべての事例に共通しているのは、都市計画と輸送方法が世界全体で、法令による強制力が世界的に行使されることによってではなく、「良い手本」(つまり「ベスト・プラクティス」)の力によって変化しているという事実だ。さらには、これらの事例すべてにおいて、地元では係争や対立があった。都市交通(やその他の)インフラは頑固である。一夜にして簡単に変えられるものではない。自動車の交通量を減らすと経済活動や経済成長が鈍るという懸念を示す人もいる。まだ実用的な実施は断片的なものにとどまっているが、都市の**規範**と**ビジョン**は、世界的なリスクが持つ変態をもたらす力の影響を受けて、がらりと変容した。今では、都市の移動手段の未来として、いったい誰が化石燃料で動く自動車を推進することを夢見るだろうか? どんな困難があったにしても、都市の道路は新たな形態の都市生活のための実験の場となったのである。

都市の気候政策の空間において私たちが目の当たりにしているものは、「**国境を越えた規範生成のプロセス**」であり、革新的でビジョンのある正当な都市計画や都市開発と見なされるものを根本的に変えつつある。このプロセスでは数を増しつつある都市間のネットワーク同盟が重要な役割を果たす。世界中の地理的に遠く離れた都市間で都市のグリーン化に関する政策関連の新たなノウハウを生み出したり、共有したり、その実施に力を貸したりしているのだ。

同時に、既存の都市同盟は、互いに重なり合う、「ネットワーク化された」、国境を越える都市当局圏の複雑な組織的構造を形成しており、都市当局は世界的な気候に関するガバナンスの景観全体を変えつつある。C40やその他の都市同盟のロビー活動にも促されて、かつては国民国家に限られていた、国際法や国連、その他の世界的な統治フォーラムにおけるその認知と発言力を次第に得つつある。こういったことはすべて、各都市の権限を国境を越えて共有しまとめることが、気候変動という世界的なリスクがもたらす共通の難題に対処し始める唯一の方法であると、地方自治体の側で認識するかどうかにかかっている。

一方では私たちは、「都市の仲間たち」が行使し得る規範の重圧の力を過小評価するべきではない。前述したように、都市のビジョンと規範は実際に、グリーン化や持続可能性、低炭素への移行の方向に向かって変化しつつある。同時に、都市は、炭素についての新たな世界の倫理的地理学を創り出し、そこに参加しつつあり、責任ある説明可能な都市開発を実行するとはどういうことかについての新たな共通の規範を生み出している。

他方では、遅かれ早かれ私たちは、都市レベルでの集団的意思決定や合同主権という難しい質問を提起する必要があるだろう――私たちは厳密にはどのようにして「都市という地盤」を、法的・政治的にも結合した当局という新たな世界的な体制と結びつけることができるのだろうか?(Sassen 2014) 実際、世界都市連合の包括的な構造とは、単に(効果的でない場合が多い)国連をモデルにしたものでないとしたら、どのようなものになるのだろうか?

四　リスクによる損失

他のところで主張してきたように、破局がリスクなのではなく、破局の予想がリスクなのだ。したがって、変態を引き起こす主な引き金の一つは、破局の**予想**そのものが資本の価値を下げることである。都市の洪水という破局の予想そのものが、非常に大きな社会政治的な影響――だが、「技術的な」分析の盲点に入り気がつかれないことが多い影響――をもたらす。たとえば、ニューヨーク市では、市全体の将来の洪水の危険性を予測する現在の方法は、(所得や人種などに基づいた)比較的脆弱なサブ集団を実際より少なく数える傾向にあり、備えや救済の取り組みに関して環境正義上の懸念につながっている(Maantay and Maroko 2009)。逆に言えば、二〇一二年一〇月にハリケーン・サンディがマンハッタン南端部にもたらした影響は、重大であるのと同じくらい象徴的でもあった。この事象によって、大規模な洪水は、都会の魅力的な生活・生産空間を「リスク空間」に変える見込みが高まり、それによってそこの資産価値に深刻な下落をもたらした。

『ネイチャー』誌が伝えたように、ハリケーン・サンディが「通り過ぎた後に米国が気候適応の議論に陥っていた」としても不思議ではない(Tollefson 2012)。論理的な帰結を導けば、大きな洪水がより頻繁に起こることでもたらされるような「生態学的な損失」は、都会を基盤にした近代の資本主義の最も富める資産においてさえ、その所有制度そのものの利益を否定し、侵害する。一方、都会の洪水リスクの分配も、すでに歴然としている社会物質的な不平等を悪化させる(Beck 2010, 2014)。現在、「気候耐性のある」マンハッタン南部にするための大規模な工学的な取り組みが進行中であるのに対し、南の発展途上国における脆弱な都会のコミュニティが利用できるそのような資源はまったくない。

五　対立の変態

対立の変態に関しては、重大な洞察が二つある。一方では、世界的なリスクが敵と味方の間の隔たりを埋める。他方では、私たちがまだ十分に感知できておらず、言葉で説明できないような新たな二極化が起こっている。

新興の都市の気候同盟は、大きく亀裂の入った不平等な国際関係の一部であり、その関係性が新たな協力の形態を生み出すだけでなく、新たな種類の競争や対立、排斥も生み出す。第一に、C40のような最も影響力のある都市同盟が代表しているのは、北の先進国の富める大都市に偏っている――それは南の途上国に明らかに不利益を及ぼすほどであるが、どこにでもある、より小さな、より「普通の」都市も考慮の対象から外している。さらには、都会と農村部の区別は――(エネルギー、水、廃棄物などにも絡む)都市経済的な代謝が世界的に広がっているために――ますます曖昧になる一方で、急速な都市化のプロセスを通じて土地や資源、生活条件が(ときには乱暴に)再分配されているこういった状況すべてにおいては、依然としてこの区別がきわめて政治的な妥当性を持っている。

このようなわけで、増大する環境破壊や資源不足などの要因として、気候変動のリスクと、都市においてこういったリスクに対処がなされる方法とは、多面的で矛盾に満ちた、終わりのない、変動する世界の不平等という、より幅広い枠組みの中に置かれる必要がある(Beck 2010)。そして、世界中の都市は、こういった新たな政治同盟や政治的亀裂の、つまり世界的なリスクの予想によって形作られている、この変わりつつある二一世紀の政治的景観のまさに中核にある。

そのような新たな亀裂の一つの特徴は、世界中の——特に、比較的豊かな都会という状況に恵まれた——地方自治体による「戦略的なエコ都市計画」の追求(Hodson and Marvin 2010)と関係づけなくてはならない。中でも、「エコ・シティ」開発に的を絞った投資、都市間の知識移転の一環として二〇〇〇年代前半以降に出現し、世界的に広がった一連の政策手法、気候の懸念の増加、都市政策がＩＴや環境技術を駆使して省資源化を徹底する「グリーン・スマート」と呼ばれる技術的解決方法を明らかに好むことなどだ。これまでに、世界中の何百という都市で大規模なエコ・シティの取り組みが着手されてきたが、主に欧州と(東)アジアに集中しており、世界都市の不平等を反映して、南米、アフリカ、中東ではそれほど多くない(Joss et al. 2013)。ほとんどの場合、エコ・シティ開発は、都市が投資を呼び込み、新たな市場を獲得し、自分たちの都市を「グローバル」で「先進的な」空間であるとブランド化するための新たな手段として、公式に推進される。

前述したように、この変態は、互いに絡み合って新たな経済的・政治的景観を共同で作り出す新たな形態の協力と競争を伴っており、両面性があって、制限がない。たとえば、今では南の途上国の一部の地域で、気候適応が緊急に必要であるという訴えによって、地方自治体が国際融資を引き出せる手段が提供され、それが貧しい人々のための都市インフラと生活条件の改善に一役買うようになっている。他の状況では、北の先進国における都市のグリーン化の追求が、南の途上国で、先進国自身が望んでいない副次的効果を生み出すことがわかった。たとえば、電気自動車の利用を拡大するには、アルゼンチンやチリ、ボリビアの鉱山からリチウムを採掘する必要があり、それによって、土地の権利や先住民族などのデリケートな政治問題に陥ることになる。ほとんどの場合、先進国の都市中心部ではこういった問題は視界から除外される。だが、コスモポリタン的視点からするならば、それらの問題は目に見えるようにされるべきであり、公正な方法でそれらに対処するための新たな制度的メカニズムが生み出されるべきである。

世界の不平等と競争に関するこれらの問題と、国境を越えた新たな形態の都市の団結によってどこまでそういった問題を抑えられるかとは別に、気候によって引き起こされるリスクには、それ自身の「戦略的な」特典が伴うとも言えるかもしれない。新たな高波や洪水が世界中の都市中心部を襲い、気候変動のリスクが目に見える緊急のものになるたびに、この状況になる。そのような実質的な現実は、抽象的な規範や、世界的な気候に関するガバナンスの未来志向の「義務」よりも重要な役割を果たすかもしれない。こういった現実が都市に突きつけられるとき、より多くの都市が学びつつあるのにしたがって、その現実が強く突きつけられる。二酸化炭素排出の緩和とともに、適応や都市のレジリエンス(しなやかな強さ)が、間違いなく世界全体で都市の政策課題上重要な優先事項になりつつある。こういった背景においても、都市の権利と公正の問題としての枠組み上の適応は、その変容の可能性を切り開くために中核となるものだ。

六　新たな都市的・コスモポリタン的「現実政治」？

ここまでの主張をまとめると、私が言いたいのは、都市の政治は、世界的な気候のリスクに伴う懸念に動かされて、現在、根本的な変態をしており、国境を越えて規範生成する新たな都市同盟、エコ・シティ形成のための新たな戦略的投資、そして世界的な都市化資本主義の機能の「グリーン化」を追求する新たな改革のための連携という形でその姿を現しつつあるということだ。こういった傾向と変容には、あらゆる種類の新たな曖昧さと対立が伴う。世界都市は、世界的なリスクの衝突が日常的な経験と政治の問題になる主な場所であるはずだ。私たちが、世界都市はコスモポリタン的世界リスク「コミュニティ」を形成していると言うとき、これは、そのような衝突や対立と相いれない言葉なのではなく、それらを**含む**言葉である。

私たちが今議論しているこのコスモポリタン的リスク・コミュニティという概念に対応するのが、新興の都市的・コスモポリタン的「現実政治」の概念、（場所も背景も違い、その様相も千差万別ではあるが）世界中で都市政治を形成する同盟提携と対立の新たなパターンという概念だ。「理想主義」か「現実主義」かといった問題ではない、この新たな現実政治は、以前は別々のものとして考えられていたもの――協力**と**競争、経済**と**環境、平等**と**不平等、団結**と**利己主義、地方主義**と**コスモポリタニズム――を新たなパターンの中でまとめ上げる。私たちが都市の政治的意思決定の変態を理解し、診断したいならば、こういった二項対立はどれもう役には立たない。

その代わりに、私たちは、地方の、国境を越えた新しい行為主体の集まりが、「持続可能性」などの総称——それ自身は、ありとあらゆる価値観の対立を組み込んだ、都市計画をめぐる新たなメタ言説——の旗の下に、利益と願望のない交ぜを求めて、かつてのパートナーと疎遠になり、見知らぬ仲間と組むのを目にしている。こういった新しい政治的な集まりの中で、低炭素への移行に対する都市の責任という新たな規範的視野が、資源の不十分な世界における都市の利己主義に関する新たな理解とともに存在し、形作られる。その結果として起こる衝突、動員、実験が、世界都市において、国民国家という「抽象的な」政治空間では現実化しない形で、目に見えるようになり、顕著になる。何よりも、これこそが、世界都市同盟が気候に関する新たな希望の空間である理由だ。二一世紀型の政治的意思決定に必要な新しいネットワーク型の構造を試行し、作り上げ、実際に実施する態勢がこれほど整っている組織形態は他にない。

だが、この可能性を認識し、世界都市連合というビジョンに向けて取り組むためには、政治的な行為主体が、都市のグリーン化に関するこういった新たな曖昧さと対立すべてを、尻込みせずに受け入れる必要がある。そうしなければ、反対派(たとえば、Swyngedouw 2010)が、ポスト政治的な「持続可能性」の傾向について、「それによって都市の気候の取り組みは、新自由主義が資本蓄積の場として起業都市に重点を置くことと合致した、インフラ整備上の介入のテクノクラート的な形態に陥る」として、私たちを戒めているのが正しいことになるだろう。だが、そういった批判は、決して避けられない帰結というわけではない。一般の人々の参加、環境上の責任、二酸化炭素排出の説明責任、国境を越えた気候の公正も、数多くの形で都市的・コスモポリタン的現実政治の政策課題にきちんと挙がっており、それゆえ、そのような批判にも、完全に経験に基づいた実際的な観点から対抗できる。

何よりも私たちに必要なことは、こういった新たな政治的景観を分析し、その中でうまく舵取りする方法をより深く理解することだ。これが変態のすべてであり、これには社会科学そのものが含まれる。私たちには、新しい世界の見方、新しい世界でのあり方、新しい想像の仕方、新しい政治のやり方が必要なのだ。私たちが本章で――リスク・コミュニティ、都市的・コスモポリタン的現実政治、世界都市連合のビジョンについて――提案していることは、私たちをこの方向へと導き、この変わりつつある世界を新たな目で見られるようにする足がかりのつもりである。

七　展望――民主主義の作り直し?

民主主義はどのくらいの気候変動を耐え抜けるだろうか? 気候を守るには、どのくらいの民主主義が必要だろうか? 気候変動の時代に民主主義はどうあることができるのだろうか? または、もっと手短に言うと、なぜ民主主義のさらなる発展は、気候変動をめぐる世界都市のコスモポリタン的政治にとって**必須条件**(conditio sine qua non)なのだろうか? これらはきわめて緊急の問題である。氷冠が急速に溶けているという破滅的なニュースが伝えられている中で、国家の利己主義や、生存という全体的な利害関係に関しての「時代遅れの」民主的な留保に反対して、世界の共通のグッズ(正の財)を強要する、ある種の緊急時の専門家政治を誘発する誤りに屈する危険性がある。特に、三つの要素――人類を巻き込む災害の予想、時間の制約、民主主義が決定的な対策をとれないことが次第に明らかになっていること――が最も献身的な個人を、少なくとも半ば暗黙のうちに、ヴォルフガング・ハーリッヒの「強く、断固とした分配国家」や「禁欲的な分配国家」というビジョンを受け入れ、それによって環境独裁主義のモデルを受け入れるという誤った方向に導く(Harich 1975)。環境独裁主義のモデルは常に、「高圧的でテクノクラート的な決定論をとる個々の国家または世界国家」を出発点としている。だが国家がどのようにして、他の国家に対してこのエコ・コンセンサスを押しつければいいのか？　または、世界国家はどのようにして他の国家に対してそれを押しつけるのか？　軍事的脅威によってなのか？　そしてそれによる戦争によってなのか？　これは、滅亡に滅亡を重ねる考え方なだけではなく、同時に、完全に根拠のないものなので、まったく非現実的である。ここで、テクノクラート的な誘惑は、それが訴えるものとは正反対のものに支えられていることが明らかになる。つまり、現実的な感覚に支えられているのではなく、現実感がないことに支えられているのだ。

それに対して、世界都市の観点が教えてくれるのは、予想される大惨事の解放的な可能性を活用する効果的な気候政策は可能であり、実現されるが、それは都市の環境での世界的な多様性と世界的なリスクの衝突からのみ——したがって市民の積極的な参加、つまり、専門家政治に抗する下からの民主主義の復活においてのみ——だということである。世界都市は、気候市民権の新しい形態、世界での新しいあり方、民主主義の新しい作り直し方を——まずは都市のレベルで、それから多元的で多段階の政治同盟という形で——実験する場である。ここで、民主主義が意味するのは、単なる政治的意思決定の一連の手順ではない。より根本的に問題なのは、クライヴ・ハミルトンが、生態学的脅威の深刻化と極端な世界の不平等という状況下での「生存問題の民主化」と呼ぶものである(Hamilton 2010)。

国境を越える協調とコスモポリタン的政治に対する国民国家の抵抗を考えると、コスモポリタン的なリスク共有コミュニティの代替的な制度を見つけ、それを確立して、国民国家が従来守ってきた民主主義を放棄することなく、コスモポリタン化した近代性の増殖する問題に対処するためには、認識論的にも政治的にも「都市への転向」が重要である。「戦争やテロなどのグローバル化した無政府主義的な形態や、多国籍企業などの独占的な形態から私たち自身を守るためには、機能する世界的な民主的機関、つまりこれまで以上に相互依存的な世界で私たちが直面する世界的な難題に対処することができる機関が必要となる」(Barber 2013: 4)。本質的に競争や相互排除をしがちである国家は、二一世紀の世界リスク社会においては、問題の一因となりそうであって、解決策にはならないように思える。

変態した世界では、世界都市は、国家ができる以前のはるか昔の世界で占めていた地位に似た中心的な地位を取り返すかもしれない。人類は、「ポリス(都市)」における政治に向けてその冒険の道を歩き始めた。都市は民主主義の先駆者だった。だが、数千年の間、都市は、社会的・政治的秩序の生産と再生産を君主国と帝国に委ね、その後は、新たに生まれた国民国家に委ねてきた。今日、国民国家は、世界的なリスクに直面して破綻しつつある。都市は——歴史上、市民解放運動の社会的基盤であったが——再び、今日のコスモポリタン的な世界的脅威の世界における民主主義の最大の望みとなる。

＊本章は、アンダース・ブロックとの共著である。

第三部　展望

第一二章　世界的なリスクの世代——下り坂における連合

本章は、「変態の世代」と「世代の変態」に焦点を当てる。世代をめぐる問題点は、世界の変態にまつわる人や瞬間が集まってくる典型的な例だ。

「分裂した」世界で成長するというのは、どういう意味なのだろうか？　「分裂した世界」とはつまり、支配的な模範や制度（すなわち、社会化における主要な「他者」である教師や政治家、判事、学者、知識人など）が、「国家的な見地」によって形成された世界観を伝え、それに従って生きる一方で、同時に世界の変態が国家的な世界の消滅に向かって容赦なく進行する世界である。中央にも周縁にも、富める者にも貧しい者にも、イスラム教徒にもキリスト教徒にも無宗教の人にも同様に影響を及ぼす変態、破綻や危機または貧困から生まれるのではなく近代化の成功とともに成長し加速する変態、行動しないことでその動きが止まるのではなく加速する変態——こういった変態がどこに向かっているのか誰もわからない今、どうすれば人はこの永続的な変態と共生でき、ひいてはその中を生き抜いていけるのだろうか？　この世代の政治的な自己認識にとって、彼らの生活様式、消費者行動、希望と絶望の感覚にとって、それは何を意味するのだろうか？　若い世代の大部分の無関心は、的確な取り組みの必要条件なのだろうか、それとも無条件降伏の兆候なのだろうか？　「機能している」制度が破綻するなら、人はどう振る舞うべきなのだろうか？

はっきりしているのは、変態の時代における世代の概念についての理解は、**時代の歴史社会学の内側**から生まれなければならない――つまり、動的なコスモポリタン的社会学でなければならないということだ。これを可能にするため、私は**世界的なリスクの世代**という中範囲の概念を紹介する。

一　社会化の変態――旧世代の無力化と若い世代への権限委譲

世代に関する社会学の創始者であるカール・マンハイムは一九二八年に、「世代の概念は、その統一がその行為から生まれることを意味する」と主張した。この意味で、世代は本質的に政治的である。その変容の力は、世代が共有する理想郷に根ざしている。だが、これから述べるが、これは、二一世紀初めの「世界的なリスク」の世代には当てはまらない。これらの世代は、私が「副次的効果の世代」と呼ぶものである。その存在と行為は、政治的行為や新しい世界観に根ざしているのではなく、まず何よりも、受胎したばかりの頃のデジタルな生活様式に根ざしているのだ。世界の変態（および暗黙の準拠枠組みの変化）が、その存在、世界についての彼らの理解、彼らの行為の可能性、社会や政治についての彼らの考え方や実践を変え始めた。この存在の変化が、反乱も理想郷もないままに展開している。それは、社会のＤＮＡと化したデジタル化された近代性の副次的効果に他ならない。これらの世代は先験的に――自分たちの社会化の終わりではなく初めに――デジタルなものを具現化している。こういった世代を生み出し形成するのは、政治的行為の力ではなく、たとえて言えば、彼らによる携帯電話の使用だ。それは、他人とのコミユニケーションと生活の多様な形と組み合わせとを意味する。「社会化」の一般的な概念はこのこともまたとらえていない。

一般に、社会化とは、「若い世代に既存の社会的・政治的秩序を教え込むことが、家庭や学校、その他の制度における旧世代の務めである」ことを意味する。タルコット・パーソンズが強調したように、確実に社会と政治の秩序が長い時間をかけて安定し、再生産されるようにするのは、この種の社会化である（Parsons 1951）。必要不可欠な条件は、両親や年長の世代が、家族や社会の各世代間の関係における自分たちの正当性と既存の階層を安定させるようなやり方を知っていて、次から次へとそれを若者たちに示せる、ということだ。

このモデルは、社会の変容だけを考慮に入れており、世界の変態という条件の下では破綻する。この秩序は効力を失った。当然ながら、両親のほうがよく知っている領域は依然としてある。だが、もはやこれが当てはまらない領域がますます多くなっている。実際のところ、役割が逆転している領域も増えているのだ。若い世代が年長の世代の教師となり、年長の人たちに進む道を示している。だが、これはいくぶん防衛的な形で起こる。一方では、この防衛的な形は、若い世代が社会的・物質的に年長の世代に依存しているという事実があるためであり、また他方では、この若い世代がイデオロギー的ではなく、進むべき正しい道について明確に理解していないからでもある。若い世代は、何が役に立つのか、どのようにしたら役に立つのか、そしてその先どうなるのかを知らないが、もはや役に立たないものは何かを知っている。

世代間の闘いが繰り広げられる世界の舞台では、役割が明確に割り当てられている。年長の世代はネアンデルタール人で、若いグローバル世代は「ホモ・コスモポリティクス」に属する。若者世代は身体が変態を覚え込んでいるのに対して、年長の世代はそれを自分たちの存在を脅かすものに感じる。カフカの小説『変身』(一九一五年)のように、年長者は人間として生まれたのに、ある朝目が覚めると、「デジタル音痴」という虫になっていたのだ。それに対して若い世代はすでに「デジタル人間」として生まれている。「デジタル」という魔法の言葉に詰め込まれてきたものは、彼らの「遺伝的装具」の一部となった。

ホモ・コスモポリティクスの世代は、父子間の闘いにおいてはまだ弱く、依然として劣勢である。彼らが面と向かって抗議しても、まだ退けられてしまう——それは特に、彼らが「より良い未来」という考え方によって一つにまとまっていないからだ。そのために年長世代に対抗したり、その世代と共に闘ったりできないのである。だが、特にネアンデルタール人たちは次第に絶滅に向かうため、若い世代が強くなる。彼らはデジタル人間としてのみ再生され得る。以下に詳しく述べるように、世界リスク社会における年長の世代の立場とホモ・コスモポリティクスの立場はまったく異なる。今日すでに、世界的なリスクの世代のほうが、国境を越えてつながり合うことにおいても、世界と自分たちの自己破壊的な可能性を受け入れることにおいても、より進んでいる。日常生活にうまく対応することに関しては、ホモ・コスモポリティクスはネアンデルタール人よりすぐれているのだ。世界の変態を身体が覚え込んでいる人たちは、(万事うまく行けば)「こちら」と「あちら」の間の人生——つまり回避と調整に満ちた人生——にうまく対処できる能力と矛盾に対処する能力を身につける。だがネアンデルタール人たちは反抗する。彼らはホモ・コスモポリティクスたちに対する自分たちの権威を守る。

そうして、国家的な見地とコスモポリタン的な見地との相違が世代間の対立となっており、その対立は家庭の内外での世代間衝突において明らかである。西洋と世界の他の地域とに同時に生きている移民の家族の事例にはその兆候が見られる。娘たちは法律に関しては親たちに勝るのに対し、親たちは文字通り、違う世界に住んでいる。彼らは家族というものの理解が異なること、国家の役割の違いを典型的に表している。西洋では、法律は、家長を頂点とする家族内の階層制度を廃している。だが、家族の秩序の変態が展開しているとはいえ、だからといってこの変態が家族全員の考え方にまで行き渡るとは限らない。西洋の家族は、男女平等、夫婦間の強姦の禁止、パートナーの自由な選択を含む規範的な制度の中に埋め込まれている。これらの物事——実際のところ、絶対的な規範——はすべて、それと異なる家族世界にとっては、奇妙で脅威にさえ思えるのだ。

敬意、階層性、権威が、「神聖なる」支配者と家族の問題についての判事の無力に転じる。男性、つまり父親はその立場を失い、置いてきぼりにされ、ゴミ捨て場に投げ捨てられる。前述したように、これは革命的な手法が引き金となるのではなく、変わっていないように見えるその背後で、若い世代への権限委譲と年長世代の無力化という形で展開する。それは微妙な忍び寄るプロセスなのだ。

その結果、記憶と教育についての考え方も変わる。インターネットは、あらゆるものの記憶、すなわち集合的記憶のようなものだ。世界中のすべての図書館、そこにある情報と知識のすべてが、一個人のクリックで利用できる。インターネット上では、誰もが、それまで経験したことがないような知識を得ることができる。この知識の性質については、細分化され、整理されておらず、文脈がない——というより、この(非)知識の海で溺れてしまう危険性がある——という批判や懸念がたくさんある。だがこのことは、私たちがまだ完全に理解できていない変態を象徴している。一方では、師弟関係は崩壊し、逆転さえしている。他方で、年長者は教育と知識の高価値が下落したと思われることを嘆いている。だが、これは変態の両面性を見過ごしている。教育の概念は元来、内側に向いているのだ。

哲学者のヨハン・ゴットリープ・フィヒテは、それ自身の周りを回る、世界について自己認識している意識のこの旋回運動を、「自我は自立する」という公式でとらえた。フィヒテ(およびその他の偉大な哲学者たち)がこれによって意味していたのは、私たちは意識を用いて、意識を横断的に検討し、深く掘り下げることができるし、こうして、世界の基本的な性質——空間と時間、私と私たち、社会と自然、国家と道徳といった先験的な範疇——を特定できるということだ。

これは壮大な考えであり、世界に対する足がかりを自身の中に見つけることだ。それは今日まで、ニクラス・ルーマンやユルゲン・ハーバーマスの研究など、社会科学において魅力を発揮しつづけている。だが、それと同時に、その下には、意識と世界との、制度と世界の社会、または世界の政治との、全くの混同がある。暗に示されているもので極端なものは、世界を理解するためには自分で勉強しているだけでよい、というものだ。外に出ていく必要もなく、家にいて引きこもっていればよく、世界に出て行く必要も、世界や自分自身を理解するために他者の目を通して世界を見ることを学ぶ必要もない、と。このおめでたい軽率で安易な誤りは、自己言及的な内省(自己創出《オートポイエーシス》)に関する学問的な主張からその力を引き出している「知識」に固有のものだ。このようにして、文化は偏狭になり、偏狭さを増す。

自分であらゆる知識を得ることがデジタルで可能になると(たとえこの知識が使われないとしても、またはその反対のものになったとしても)、視野の転換が起こらざるを得ないし、少なくともそれが可能になる。それによって私たちは、手に入れられる知識を超えて進むことができ、それによって少なくとも初めは、他者の目を通して世界を見られるようになるのだ。

二　下り坂における連合

世代の変態と変態の世代は、単線性と年代順という考え方を超えたところにある**歴史的な時間**の社会学の中で進展するはずだ。この考え方の中心にあるのは、「時代世界」と呼べるかもしれないものの共存という概念だ。これは、年長世代と若い世代は同時代の人々ではあるが、「同じ時代」に生きていないという意味である。同質の類似性はない。そして、繰り返すが、これはカール・マンハイムとヴィルヘルム・ピンダーによって「同時代の非同時性」と名づけられた変態の様式である。

美術史家のピンダーは、「私たちは明確に分かれた段階として、相対的に同質な美術や様式の各時代を識別することができる」という考えに反論した(Pinder 1926)。ピンダーは、時代のどの瞬間においても、複数の美術史上の時代と様式が同時に、互いに隣り合って存在すると示唆している。そして、いわゆる「方法論的な美術の時代主義」という考え――たとえば、美術の様式は、閉じた歴史的単位として存在し、研究され得るという考え――を否定する。そうして、ピンダーは美術の分野で、どの時代が別の時代に取って代わられるかに基づいた進化と発展という考えに反論する。ピンダーの考えは、のちにポストモダンの折衷主義という概念として確立されるようになったものと似ている。折衷主義の中心にあるのは、脱構築と流動化という考え方だ。

私たちが「同時代の非同時性」という考え方を用いてグローバル世代の出現を見るとき、実は、ここにもいくらかポストモダン的な折衷主義、融解、幻影を見てとれる。だがそれは、私たちが古い準拠枠組みに固執している場合に限る。そういった古い準拠枠組みに固執しなければ、グローバル世代にもかなり大きなばらつきと細分化があることに気づく。それは、さまざまな視野や世界観の間の相互作用と対立を意味する。たとえば、占拠運動やアラブの春、若者世代、南欧の失業者たち、「地元出身の」原理主義者たちなどにそれは見られる。

だがこれは、共通の感受性や、問題と世界のリスクに対する共通の感覚があるという事実を排除しない。当然ながら、だからといって反応が等しく共通であるということではない。それどころか、問題に対する感覚は、さまざまな領域、様式、認識、歴史、行動パターンによって異なる。

これが意味するのは、世界的なリスクの世代についての理解は、世代の生物学的な年代からも、グローバル性の共通経験などに基づいたグローバル世代の統一性という考え方からも演繹できないということだ。世界的なリスクの世代であるということは、社会状況の世界的な収斂が起こっていることを意味するわけでは決してない。それどころか反対に、生活条件や機会の多様性や不平等が十分に見えるようになっており、そしてそれこそがまさしく具体的な緊張と爆発力を生み出すものなのである。

世界的なリスクの世代がもつ規範的な視野はグローバル化されているかもしれない——が同時に、深い境界線と対立を特徴とする。とりわけ、いわゆる「西洋」の住民をいわゆる「それ以外」と分離する経済格差、つまり物質的資源、地位、利用機会における格差があり、この格差は、世界的な消費の対象となる商品をめぐる競争においても明らかである。

文化的な多様性という視野を、グッズ(正の財)とバッズ(負の財)の分配と組み合わせながら、世界リスク社会に生きる若者たちの置かれた種々異なる世界の状況と立場を説明するためには、**世代の集合**という境界を越えたコスモポリタン的な研究の新たな概念が必要となる(Beck and Beck-Gernsheim 2009)。

これは、私たちが、社会変動という準拠枠組みを、変態の準拠枠組みに置き換えなければならないからだ。私たちはもう、これまで当たり前にしてきたように、国民国家の境界内に存在するものとして理解される単一の「世代」を取り上げることはできない。「世代の集合」は、コスモポリタン的見地(方法論的なコスモポリタニズム)を表す。このことが示しているのは、(階級、国家、中央と周縁などの)不平等な地位に関する施策と概要は、二一世紀初めのリスク世代の地位の不平等を代表するのには適していないということだ。新たなものは、まだ見えておらず、実証的に検証されていない。リスクの状況、民族文化的な多様性に加えて、定量的・人口統計的な局面、年齢偏向、物質的な不平等、教育と労働市場での地位などの局面は、「世代の集合」という診断的概念において重なり合い、浸透し合っている。

世代の集合の多様さを理解するためには、グッズとバッズの分配に目を向けるだけでなく、平等の原則と期待が世界中に広がっているという事実を考慮に入れることも必要になってくる。世代の集合の一つの重要な局面は、今では、世界的に不平等な既存の構造と制度に対して圧力をかけている平等の規範的視野があるということだ。こうして、国境を越えた、または世界的な不平等の国民国家による合法化は崩壊しつつある。たとえ世界的に、または国民国家の内外で社会的不平等が高まっているとしても、平等への世界的な期待がない限り、政治的対立を引き起こすことはないだろう。富める者がますます富み、貧しい者がますます貧しくなる分には、社会的不平等は対立につながらないからだ。平等——特に人権——に関する確立された社会的規範や期待が広がって初めて、社会的不平等が対立の引き金となる。若い世代の状況を理解したいのならば、まず、植民地独立後の平等をめぐる言説を表舞台に持ち出す必要がある。植民地支配の時代には、その他の人たち――「原住民」や「野蛮人」――の劣等性は(多かれ少なかれ)必然的なものと定義されていた。植民地独立後の言説は、いかなる場合もそのような前提は正当化されないようになってきた。世界的なリスクは同様の効果をもたらす。それは、かつての「周縁」においてさえ、「かつての中央」での事象を形成することになる世界的な社会的関係を強化するし、逆もまた同様だ。したがって、世界的なリスクはもはや一方通行の帝国主義のプロセスではなく、無秩序で混沌としている。リスクの世界的な広がりは、どんなに不均一で散発的であっても、作り出された不確実性――別の言い方をすれば、作り出された不確実性の世代――の世界的な広がりを生み出してきた。

人権と国家的な市民権との二重性は、相対化されている。今では人権の保証は、かつてないほど多くのレベルで――たとえば、国連の世界人権宣言、EU条約、多くの国民国家の憲法で――規範的に定められている。そのような制度化された規範によって、市民と非市民、国民と外国人、一部の人だけに排他的に特定の権利を与えることとその他の人たちには与えないこととの区別がますます難しくなる。このように平等の規範と期待が広がることは、若い世代に広範囲の影響を及ぼす。持てる者と持たざる者、つまり世界の富裕層とそれ以外の人々との間の不平等は、もう運命として受け入れられはせず、一方からだけではあっても槍玉に上げられている。社会的不平等に反発し始めているのは、その他の人たち、つまり排除された、遠くの土地や大陸の住民たちである。彼らには移住の夢と希望があるからだ。そして、それを実際の行動に変えつつある。

ここから、世界的なリスクの世代の多様な部分集合が持つ「グローバル性」は千差万別であることがわかる。それは決して西洋的ではなく、むしろ国民国家の境界を越えた不平等に対して立ち上がり、平等の権利を主張している非西洋的な世代の集合だ。「中に入れてくれ!」が、西洋社会の門の前に立って力強く門《かんぬき》をガタガタ揺らしているこういった世界中の若者世代の合い言葉である。

この世代の集合が持つさらなる側面は、教育の高さと失業との著しい不釣合いである。世界の多くの国で、かつてないほど教育を受けた世代であるにもかかわらず、これまで経験したことのないほどの失業率によって脅かされている、という状況が見られる。これに加えて労働のリスクの体制があり、それが世界的に広がっている。準工業国である中南米諸国に存在する不安定な雇用形態は、北の先進国側にある近代以前の残滓のようなもので、工業社会からサービス業主体の社会へと移行するうちに、次第に減っていき、なくなるだろうと長い間、考えられていた。二一世紀の初め、私たちはその真逆の発展を目の当たりにした。不安定な「多岐にわたる仕事」――かつては主に女性の仕事を指すものだった――は、魅力的で高度なスキルを要する高給の正規雇用がなくなりつつある最近の雇用社会で急速に拡大展開する変種である。

職の世界のこの変容は、若者たちに特に深刻な影響を及ぼす。この世代の経験は、かつては両立しないものであった二つの状況――教育は最高だが、労働市場での将来性は最悪――を苦しい思いをしながら一つにまとめる。世界的な抵抗運動の中心で、**不安定**世代の**将来性のない学士**という新たな社会の象徴が生まれる。

これらの所見や類似の発見から、二つの結論が導き出されるかもしれない。一つは、不安定の高まりは、若い世代の基本的な経験となりつつあるが、これは地方や地域、国内の現象ではない。むしろ、この不安定は、リスク世代の重要な経験となっており、国境を越え、**下り坂における連合**という言葉にまとめられるような共通の経験となる。

そのうえで、ここで見落としてはいけない矛盾に満ちた爆発性の同時性がある。「第一世界」と呼ばれる先進国で、特にそこに住む若者たちにとっては生活のリスクと不安定が増している一方で、先進国を構成する国々は、世界の貧しい地域の若者たちの多くにとって、今も夢の目的地のままだ。その結果、前者の実存的な恐れが、後者の未来への希望と衝突することになる。一方では、「**より少なく**の世代」は、前の数十年間を基準に判断した場合、物質的な損失を受け入れなければならない。他方で、「**より多く**の世代」は豊かな「第一世界」というイメージに突き動かされて、その富の分配にあずかりたいと思っている。そしてその両方ともが――これはきわめて重要な点だが――グローバル世代の一部なのだ。今日すでに目に見えるようになりつつある、新しい世界的な再分配の闘いの輪郭が、将来的にはおそらくより急激に明らかになるだろう。防御側の一方は、法律と国境の防壁で豊かさの残り物をしっかり守ろうとしている。もう一方は、より良い暮らしという希望に突き動かされて、そういった同じ国境に全力で突撃しようとして、出発しつつある。その結果は、対立――世界的なリスクの世代の一つの部分 対 もう一つの部分――を抱えた相互作用だ。

三　展望

世界の変態についてのこの議論の最後にあたり、不平等の変態に関して問題になっていること**こそ**が将来の重要な問題だということは明白である。この理由は第一に、平等の規範が制度化されているからだ。この制度化は、国家的な観点――これが、不平等に関する国家的な空間どうしの間に比較不可能性を生み出した——はもはや機能しないため、世界の不平等はもはや見過ごされない、ということを意味する。既存の不平等はその正当性を剝ぎ取られ、それによって（公然とであろうと、そうでなかろうと）政治的スキャンダルになっている。第二の理由は、不平等は、国家的な状況の中でも高まることだ。第三には、高まる不平等を補えるかもしれない公的資源はもはや存在しない。第四の理由は、バッズの分配であり、これがリスク階級、リスク国家、さまざまな種類と程度の不平等を生み出す。気候変動や自然災害において示唆される貧困、脆弱性、脅威の合成が起こる。要するに、不平等が社会的・政治的に爆発的になった世界に、**ネアンデルタール人**と**ホモ・コスモポリティクス**が暮らしているのだ。今日、いわゆる「自然災害」という文脈で不平等の問題が生じている。しかし、実際には人為的なものであり、すべての人に対する平等が約束された視野と対照をなしているのだ。

訳者あとがき

英国のEU離脱の決定や米国の大統領選の結果をはじめ、現在、世界では「想定外」の出来事が相次いで起きています。

「いったい、世界はどうなってしまったのだろうか」「今後、どうなっていくのだろうか」――そんな不安を抱いている方も多いのではないでしょうか。そんな時代の不安を先読みしていたかのように、本書『変態する世界(原題 *The Metamorphosis of the World*)』は、新たな〝世界の見方〟を提示してくれる書です。

本書は、二〇一五年一月一日に七〇歳で亡くなったドイツの社会学者ウルリッヒ・ベックが最後に遺した書籍です。未完のまま筆の置かれた原稿が、ベックの妻のエリーザベト・ベック゠ゲルンスハイムらの努力によって世に送り出され、こうして私たちが読むことのできる書籍となりました。

「変態」とは、たとえば、蝶々の幼虫が蛹《さなぎ》から成虫へと姿を変えることを指します。蝶々の幼虫と成虫では、その姿は全く異なります。ベックが本書を通して伝えたかったことは、私たちが暮らす世界のあり方が、今、まさに「変態」しているということです。

ベックは、世界のあり方は、「国家」を中心とする見方・あり方から、「世界」を中心とする見方・あり方へと変態しつつあることを、さまざまな例を通して語ります。

たとえば、不平等の問題を考え、語るとき、私たちはどのような「枠組み」を(無意識のうちに)用いているのでしょうか? 日本国内の貧困率の上昇や、発展途上国と先進国との間の経済格差を問題にすることが多いのではないでしょうか。こうした見方はいずれも「国家」を前提としています。このような国家中心の捉え方を、ベックは「方法論的ナショナリズム」と表現します。

しかし、現在では国家を前提としない不平等の問題が生じています。気候変動による海面上昇や異常気象によって、海抜が低い土地は、ニューヨークのような先進国の大都市であろうと、バングラデシュのような発展途上国であろうと、同じように「リスクの大きい地域」に分類されます。これは今までの国家を中心とした見方では見えない不平等問題です。このように、国家に代わり、世界的なものの見方を基準として世界を捉えることを、ベックは「方法論的コスモポリタニズム」と呼びます。

考えてみれば、現在の私たちにとって当然であり、それ以外考えられない「国民国家」も、歴史的にはそう古いものではありません。一六四八年のウェストファリア条約から形成されるようになった近代のシステムなのです。「国土」内の全ての「国民」を統合することで成り立つ「国家」というシステムは、世界のグローバル化の進展と共に、多国籍企業の位置づけをはじめとして、各所にほころびが生じています。

そして、ベックの言う「コスモポリタン化したものの見方」をもたらすのは、まさにそうした近代化の〝副次的効果〟なのです。近代化・産業化の動力であった化石燃料によって気候変動がもたらされることや、「子どもが欲しい」という家族の夢を実現する生殖医療の発展によって、代理母などさまざまな倫理的な問題が生じることなどは、近代化の副次的効果の例です。いわば、近代化の「歪み」が、変態をもたらしているのです。

この世界の見方の変態は、人々の行為にも大きな影響をもたらします。ベックは「代理母」を例に、この影響を説明しています。現在では、先進国に暮らす、子どもを産むことができない女性は、発展途上国に代理母を求めることができます。代理母に対する規制が厳しい国々では、この取引は、法律の網の目をかいくぐって行われることになります。このとき、先進国の子どもが欲しい女性も、代理母になる発展途上国の女性も、国の法律という国家的な枠組みではなく、コスモポリタン化した世界に開かれている「行為の空間」を利用しています。コスモポリタン化した世界では、国家的な枠組みに従っていたのではうまくいかないことが多いため、人々はこのコスモポリタン化した世界の「行為の空間」を用いることになります。

方法論的ナショナリズムから方法論的コスモポリタニズムへの変態を理解するには、「騙し絵」を想像するとわかりやすいかもしれません。たとえば、騙し絵では、最初は壺が描かれているように見えていた絵画が、見方を変えると二人の顔が向き合って描かれているように見えます。これと同じように、「国民国家」を基準として考えている時には、コスモポリタン化された世界は目に入りません。見方を変えてはじめて、その世界が見えるようになるのです。

この二つの世界観は並行して存在しています。よって、国家の優先を主張しようと、その背後にはコスモポリタン化した世界が存在します。また、コスモポリタン化した世界でも、国家が消滅してしまうわけでもありません。「国家が中心にあり、その周りを世界が回っている」と考える世界観から、「中心にあるのは世界であり、その周りを国家が回っている」と考える世界観へのこの変態を、ベックはコペルニクス的転回になぞらえて、「コスモポリタン的転回」と名づけています。

地動説が多くの反発を引き起こしたように、コスモポリタン的転回において、方法論的ナショナリズムの立場から激しい反発が生じるのも、当たり前のことなのかもしれません。あるいは、コスモポリタン化が進んだからこそ、(今までは当たり前だった)国家中心的なものの見方を主張する必要性を感じる人たちが出てきているのかもしれません。冒頭に述べた、世界に見られる「自国中心主義への回帰」のさまざまな例も、その証しなのかもしれません。

いずれにしても、私たちの世界観は、今、全く異なるものに変態しようとしているのです。

なお、本書の原書はベックが英語で書いたものです。専門的な内容が多く含まれ、難解な書ですが、ベックの用語の選び方をみていると、ベックが専門家だけではなく、多くの人が理解できるように工夫していることがわかります。

たとえば、social change という語は、社会学の専門領域では「社会変動」と訳すのが一般的です。ただし、社会変動という日本語は一般にはあまり馴染みがありません。でも、この語は、「社会的な変化」という一般的な意味に理解することも可能です。このほかにも、horizon, being in the world など、多くの哲学・社会学の専門用語が出てきますが、本書では、専門家だけではなく、一般の方々に読んでいただけるよう、できる限り日常的な言葉で訳すように心掛けました。さらに専門的な関心がある方は、原書にも目を通していただければと思います。

なお、フランツ・カフカの『変身』の英語タイトルは *The Metamorphosis* です。『変身』はベックが亡くなった年のちょうど一〇〇年前の一九一五年に出版されています。もしかすると、ベックはカフカの『変身』を意識して、本書の構想を練ったのかもしれません。

本書の翻訳は、中小路佳代子さんと新津尚子さんとのチームで進めました。こうした分野での信頼のおける屈指の翻訳者である中小路さん、専門家として社会学の理論的背景について詳しく丁寧に解説してくれた新津さんの力がなければ、こうして「読みやすくかつ専門的な書」をみなさんにお届けすることはできませんでした。また、武蔵野大学の北條英勝氏には草稿に目を通してもらい、専門用語について助言をいただきました。そして、岩波書店の編集者・島村典行さんには最初から最後まで励ましつつ並走していただき、感謝しています。

本書を通じて、「多くの人たちに、『変態する世界』という新たな〝レンズ〟をもって世界を見ていってほしい」というベックの思いが、一人でも多くの人に伝わることを願っています。

ベックの「変態とは、世界的なリスクの時代に重要な規範を生み出す新しい方法」であり、「責任の市民文化を誕生させる」可能性があるという言葉に希望を抱きつつ。

枝廣淳子

ウルリッヒ・ベック　Ulrich Beck
1944-2015年．社会学者．ミュンヘン大学，ロンドン・スクール・オブ・エコノミクス・アンド・ポリティカル・サイエンスの社会学教授を務めた．

枝廣淳子
東京都市大学環境学部教授，幸せ経済社会研究所所長，翻訳家．国内外の環境問題，本当の幸せと新しい経済・社会のあり方，レジリエンス(しなやかな強さ)やシステム思考などを研究．東京大学大学院教育心理学専攻修士課程修了．主な訳書に『不都合な真実』(ランダムハウス講談社)，『大転換——新しいエネルギー経済のかたち』(岩波書店)など．

中小路佳代子
翻訳家．津田塾大学学芸学部英文学科卒．主な訳書に『地球に残された時間』(ダイヤモンド社)，『地球温暖化との闘い』(日経BP社)，『アル・ゴア未来を語る　世界を動かす6つの要因』(KADOKAWA)など．

変態する世界　ウルリッヒ・ベック

2017年4月5日　第1刷発行

訳　者　枝廣淳子《えだひろじゅんこ》　中小路《なかこうじ》佳《か》代《よ》子《こ》

発行者　岡本　厚

発行所　株式会社 岩波書店
〒101-8002 東京都千代田区一ツ橋 2-5-5
電話案内 03-5210-4000
http://www.iwanami.co.jp/

印刷・三秀舎　カバー・半七印刷　製本・三水舎

ISBN 978-4-00-024721-4　Printed in Japan

索　引

タ　行

ハ　行

マ　行

ヤ　行

ラ　行

参考文献

Adeola, Francis O.(2000) Cross-National Environmental Injustice and Human Rights Issues, *American Behavioral Scientist* 43(4): 686-706.

Agyeman, Julian and Bob Evans(2004) 'Just Sustainability': The Emerging Discourse of Environmental Justice in Britain?, *Geographical Journal* 170(2): 155-64.

Anderson, Benedict(2006) *Imagined Communities: Reflections on the Origin and Spread of Nationalism*. 2nd edn., London: Verso.(『定本 想像の共同体―ナショナリズムの起源と流行』(社会科学の冒険 2-4)白石隆, 白石さや訳, 書籍工房早山 2007)

Banister, David(2008) The Sustainable Mobility Paradigm, *Transport Policy* 15(2): 73-80.

Barber, Benjamin(2013) *If Mayors Ruled the World*. New Haven, CT: Yale University Press.

Bauman, Zygmunt(1989) *Modernity and the Holocaust*. Cambridge: Polity.(『近代とホロコースト』 森田典正訳, 大月書店 2006)

Beck, Ulrich(1987) The Anthropological Shock: Chernobyl and the Contours of Risk Society, *Berkeley Journal of Sociology: A Critical Review* 32: 153-65.

Beck, Ulrich([1986]1992) *Risk Society: Towards a New Modernity*. London: Sage.(『危険社会――新しい近代への道』(叢書・ウニベルシタス)東廉, 伊藤美登里訳, 法政大学出版局 1998)

Beck, Ulrich(1997) *The Reinvention of Politics: Rethinking Modernity in the Global Social Order*. Cambridge: Polity.

Beck, Ulrich(1998) Misunderstanding Reflexivity: The Controversy on Reflexive Modernization, in Ulrich Beck(ed.), *Democracy without Enemies*. Cambridge: Polity, pp. 84-102.

Beck, Ulrich(1999) *World Risk Society*. Cambridge: Polity.(『世界リスク社会』(叢書・ウニベルシタス)山本啓訳, 法政大学出版局 2014)

Beck, Ulrich([1997]2000) *What Is Globalization?* Cambridge: Polity.(『グローバル化の社会学――グローバリズムの誤謬 グローバル化への応答』 木前利秋, 中村健吾監訳, 国文社 2005)

Beck, Ulrich(2005) *Power in the Global Age: A New Global Political Economy.*

Cambridge: Polity.(『ナショナリズムの超克——グローバル時代の世界政治経済学』島村賢一訳, NTT 出版 2008)
Beck, Ulrich (2006) *The Cosmopolitan Vision*. Cambridge: Polity.
Beck, Ulrich (2009) *World at Risk*. Cambridge: Polity.
Beck, Ulrich (2010) Remapping Social Inequalities in an Age of Climate Change: For a Cosmopolitan Renewal of Sociology, *Global Networks* 10(2): 165–81.
Beck, Ulrich (2011) Cosmopolitanism as Imagined Communities of Global Risk, in Edward A. Tiryakian (ed.), 'Imagined Communities in the 21st Century', *American Behavioral Scientist* 55(10): 1346–61 [special issue].
Beck, Ulrich (2013a) *German Europe*. Cambridge: Polity.(『ユーロ消滅？——ドイツ化するヨーロッパへの警告』島村賢一訳, 岩波書店 2013)
Beck, Ulrich (2013b) Why 'Class' Is too Soft a Category to Capture the Explosiveness of Social Inequality at the Beginning of the Twenty-First Century, *British Journal of Sociology* 64(1): 63–74.
Beck, Ulrich (2014) How Climate Change Might Save the World: Metamorphosis, *Harvard Design Magazine* 39: 88–98.
Beck, Ulrich (2015) Emancipatory Catastrophism: What Does it Mean to Climate Change and Risk Society?, *Current Sociology* 63(1): 75–88.
Beck, Ulrich and Elisabeth Beck-Gernsheim (2009) Global Generations and the Trap of Methodological Nationalism: For a Cosmopolitan Turn in the Sociology of Youth and Generation, *European Sociological Review* 25(1): 25–36.
Beck, Ulrich and Elisabeth Beck-Gernsheim (2014) *Distant Love: Personal Life in the Global Age*. Cambridge: Polity.(『愛は遠く離れて——グローバル時代の「家族」のかたち』伊藤美登里訳, 岩波書店 2014)
Beck, Ulrich and Daniel Levy (2013) Cosmopolitanized Nations: Re-Imagining Collectivity in World Risk Society, *Theory, Culture & Society* 30(2): 3–31.
Beck, Ulrich and Peter Wehling (2012) The Politics of Non-Knowing: An Emerging Area of Social and Political Conflict in Reflexive Modernity, in Fernando Domínguez Rubio and Patrick Baert (eds.), *The Politics of Knowledge*. London: Routledge, pp. 33–57.
Beck-Gernsheim, Elisabeth (2014) Die schöne neue Welt der Fortpflanzung, in Martina Löw (ed.), *Vielfalt und Zusammenhalt: Verhandlungen des 36. Kongresses der Deutschen Gesellschaft für Soziologie*. Frankfurt: Campus, pp. 161–72.

Beck-Gernsheim, Elisabeth (2015) Danish Sperm and Indian Wombs, in Jean-Daniel Rainhorn and Samira El Boudamoussi (eds.), *New Cannibal Markets: Globalization and Commodification of the Human Body*. Paris: Editions de la Maison des sciences de l'homme, pp. 95–103.

Blank, Yishai (2006) The City and the World, *Columbia Journal of Transnational Law* 44(3): 868–931.

Bloch, Ernst ([1954]1995) *The Principle of Hope*. Cambridge, MA: MIT Press.(『希望の原理』(白水ｉクラシックス)山下肇ほか訳，白水社 2012–2013(全 6 巻))

Blok, Anders (2012) Greening Cosmopolitan Urbanism? On the Transnational Mobility of Low-Carbon Formats in Northern European and East Asian Cities, *Environment and Planning A* 44(10): 2327–43.

Blok, Anders (2013) Worlding Cities through their Climate Projects? Eco-Housing Assemblages, Cosmopolitics and Comparisons, *CITY* 18(3): 269–86.

Blok, Anders (2015) Towards Cosmopolitan Middle-Range Theorizing: A Metamorphosis in the Practice of Social Theory?, *Current Sociology* 63(1): 110–14.

Blok, Anders and Robin Tschötschel (2015) World Port Cities as Cosmopolitan Risk Community: Mapping Climate Policy Experiments in Europe and East Asia, under review for *Environment and Planning C*.

Bourdieu, Pierre (1977) *Outline of a Theory of Practice*. Cambridge: Cambridge University Press.

Bourdieu, Pierre (1984) Distinction: *A Social Critique of the Judgement of Taste*. Cambridge, MA: Harvard University Press.(『ディスタンクシオン　I，II――社会的判断力批判』(ブルデューライブラリー)石井洋二郎訳，藤原書店 1990)

Bourdieu, Pierre (1990) *The Logic of Practice*. Stanford, CA: Stanford University Press.(『実践感覚 1，2』今村仁司ほか訳，みすず書房 2001(新装版))

Brenner, Neil (ed.) (2014) *Implosions/Explosions: Towards a Study of Planetary Urbanization*. Berlin: Jovis.

Broto, Vanesa C. and Harriet Bulkeley (2013) A Survey of Urban Climate Change Experiments in 100 Cities, *Global Environmental Change* 23(1): 92–102.

Bulkeley, Harriet (2013) *Cities and Climate Change*. London: Routledge.

Bulkeley, Harriet, Liliana Andonova, Karin Bäckstrand, Michele Betsill, Daniel Compagnon, Rosaleen Duffy, Ans Kolk, Matthew Hoffmann, David Levy, Peter Newell, Tori Milledge, Matthew Paterson, Philipp Pattberg and Stacy Vandeveer (2012) Governing Climate Change Transnationally: Assessing the

Evidence from a Database of Sixty Initiatives, *Environment and Planning C* 30(4): 591–612.

Bullard, Robert Doyle and Beverly Wright(2009) *Race, Place, and Environmental Justice after Hurricane Katrina: Struggles to Reclaim, Rebuild, and Revitalize New Orleans and the Gulf Coast.* Boulder, CO: Westview Press.

Campbell, Denis and Nicola Davison(2012) Illegal Kidney Trade Booms as New Organ is 'Sold Every Hour', *The Guardian*, 27 May. www.theguardian.com/world/2012/may/27/kidney-trade-illegal-operations-who

Castells, Manuel(1996) *The Rise of the Network Society*. Oxford: Blackwell.

Chaix, Basile, Susanna Gustafsson, Michael Jerrett, Håkan Kristersson, Thor Lithman, Åke Boalt and Juan Merlo(2006) Children's Exposure to Nitrogen Dioxide in Sweden: Investigating Environmental Justice in an Egalitarian Country, *Journal of Epidemiology and Community Health* 60(3): 234–41.

Chiapello, Eve(2013) Capitalism and its Criticisms, in Paul du Gay and Glenn Morgan(eds.), *New Spirits of Capitalism? Crises, Justifi cations and Dynamics*. Oxford: Oxford University Press, pp. 60–81.

Crutzen, Paul J.(2006) The 'Anthropocene', in Eckart Ehlers and Thomas Krafft (eds.), *Earth System Science in the Anthropocene*. New York: Springer, pp. 13–18.

Cutter, Susan L. and Christopher T. Emrich(2006) Moral Hazard, Social Catastrophe: The Changing Face of Vulnerability along the Hurricane Coasts, *Annals of the American Academy of Political and Social Science* 604(1): 102–12.

Cutter, Susan L., Bryan J. Boruff and W. Lynn Shirley(2003) Social Vulnerability to Environmental Hazards, *Social Science Quarterly* 84(1): 242–61.

Dewey, John([1927]1954) *The Public and its Problems*. Chicago: Swallow Press.(『公衆とその諸問題——現代政治の基礎』(ちくま学芸文庫)阿部齊訳, 筑摩書房 2014)

Dixon, Jacqueline and Maano Ramutsindela(2006) Urban Resettlement and Environmental Justice in Cape Town, *Cities* 23(2): 129–39.

Eisenstadt, Shmuel N.(1986) Introduction: The Axial Age Breakthroughs-their Characteristics and Origins, in Shmuel N. Eisenstadt(ed.), *The Origins and Diversity of Axial Age Civilisations*. Albany: State University of New York Press, pp. 1–25.

Fan, Mei-Fang(2006) Environmental Justice and Nuclear Waste Conflicts in Tai-

wan, *Environmental Politics* 15(3): 417–34.

Fichtner, Ullrich (2014) The Grapes of Wrath: France's Great Wines are Feeling the Heat, *Spiegel Online International*, 30 October. www.spiegel.de/international/zeitgeist/climate-change-threatens-french-viticulture-a-1000113.html

Fielding, Jane and Kate Burningham (2005) Environmental Inequality and Flood Hazard, *Local Environment* 10(4): 1–17.

Fischer, David (1997) *History of the International Atomic Energy Agency: The First Forty Years*. Vienna: IAEA.

Foucault, Michel (1980) *Power/Knowledge: Selected Interviews and Other Writings*, 1972–1977. Brighton: Harvester Press.

Grusin, Richard (2010) *Premediation: Affect and Mediality after 9/11*. Basingstoke: Palgrave Macmillan.

Guyer, Jane I. (2007) Prophecy and the Near Future: Thoughts on Macroeconomic, Evangelical and Punctuated Time, *American Ethnologist* 34(3): 409–21.

Habermas, Jürgen (1987) *The Theory of Communicative Action*. Cambridge: Polity.(『コミュニケイション的行為の理論　上，中，下』河上倫逸，藤沢賢一郎，丸山高司ほか訳，未來社 1985–1987)

Habermas, Jürgen (1997) Kant's Idea of Perpetual Peace, with the Benefit of Two Hundred Years' Hindsight, in James Bohman and Matthias Lutz-Bachmann (eds.), *Perpetual Peace: Essays on Kant's Cosmopolitan Ideal*. Cambridge, MA: MIT Press, pp. 113–53.(「二百年後から見たカントの永遠平和という理念」『カントと永遠平和——世界市民という理念について』紺野茂樹，田辺俊明，舟場保之訳，未來社 2016(再版))

Hamilton, Clive (2010) *Requiem for a Species*. London: Earthscan.

Harich, Wolfang (1975) *Kommunismus ohne Wachstum? Babeuf und der 'Club of Rome'* [*Communism without Growth: Babeuf and the Club of Rome*]. Reinbek bei Hamburg: Rowohlt.

Hillman, Michael J. (2006) Situated Justice in Environmental Decision-Making: Lessons from River Management in Southeastern Australia, *Geoforum* 37(5): 695–707.

Hobbs, Dick (2013) *Lush Life: Constructing Organized Crime in the UK*. Oxford: Oxford University Press.

Hodson, Mike and Simon Marvin (2010) *World Cities and Climate Change: Producing Urban Ecological Security*. Maidenhead: Open University Press.

Hondagneu-Sotelo, Pierrette and Ernestine Avila (1997) 'I am Here, but I am There': The Meanings of Latina Transnational Motherhood, *Gender & Society* 11(5): 548-71.

Inhorn, Marcia C. (2003) *Local Babies, Global Science: Gender, Religion and in vitro Fertilization in Egypt*. London: Routledge.

Jaspers, Karl (1953) *The Origin and Goal of History*. New Haven, CT: Yale University Press. (「歴史の起原と目標」重田英世訳, 『ヤスパース』(世界の大思想ワイド版 3-11) 重田英世, 松浪信三郎ほか訳, 河出書房新社 2005(復刊))

Joas, Hans (1996) *The Creativity of Action*. Chicago: University of Chicago Press.

Joss, Simon, Robert Cowley and Daniel Tomozeiu (2013) Towards the 'Ubiquitous Eco-City': An Analysis of the Internationalization of Eco-City Policy and Practice, *Urban Research & Practice* 6(1): 54-74.

Kafka, Franz ([1915]2014) *The Metamorphosis*. New York: W. W. Norton. (『変身・断食芸人』(岩波文庫) 山下肇, 山下萬里訳, 岩波書店 2004)

Kant, Immanuel ([1795]1972) *Perpetual Peace: A Philosophical Essay*. New York: Garland. (『永遠平和のために』池内紀訳, 集英社 2015)

Köhler, Benedikt (2006) *Soziologie des Neuen Kosmopolitismus*. Wiesbaden: VS Verlag für Sozialwissenschaften.

Krüger, Michael (2009) Menschenrechte und Marillenknödel, *Süddeutsche Zeitung*, 18 June, p. 13.

Kuchinskaya, Olga (2014) *The Politics of Invisibility: Public Knowledge about Radiation Health Effects after Chernobyl*. Cambridge, MA: MIT Press.

Kuhn, Thomas S. (1962) *The Structure of Scientific Revolutions*. Chicago: University of Chicago Press. (『科学革命の構造』中山茂訳, みすず書房 1971)

Kurasawa, Fuyuki (2007) *The Work of Global Justice: Human Rights as Practices*. Cambridge: Cambridge University Press.

Kurasawa, Fuyuki (2014) In Praise of Ambiguity: On the Visual Economy of Distant Suffering, in Ratiba Hadj-Moussa and Michael Nijhawan (eds.), *Suffering, Art, and Aesthetics*. Basingstoke: Palgrave Macmillan, pp. 23-50.

Lakatos, Imre (1978) *The Methodology of Scientific Research Programmes*, ed. John Worrall and Gregory Currie Cambridge: Cambridge University Press. (『方法の擁護——科学的研究プログラムの方法論』村上陽一郎ほか訳, 新曜社 1986)

Latour, Bruno (2011) Waiting for Gaia: Composing the Common World through

Arts and Politics, lecture delivered at the French Institute in London, November. http://www.bruno-latour.fr/sites/default/files/124-GAIA-LONDON-SPEAP_0.pdf
Lee, Taedong and Susan van de Meene (2012) Who Teaches and Who Learns? Policy Learning through the C40 Cities Climate Network, *Policy Sciences* 45 (3): 199–220.
Lin, Xiaochun and Jun Yang (2009) In Dealing with Climate Change, China Shows its Attitudes, *People's Daily*, 18 December, p. 2.
London, Leslie (2003) Human Rights, Environmental Justice, and the Health of Farm Workers in South Africa, *International Journal of Occupational and Environmental Health* 9 (1): 59–68.
Luhmann, Niklas (1995) *Social Systems*. Stanford, CA: Stanford University Press. (『社会システム理論　上，下』佐藤勉監訳，恒星社厚生閣 1993，1995)
Luhmann, Niklas (2012) *Theory of Society*, Volume 1. Stanford, CA: Stanford University Press. (『社会の社会　1』(叢書・ウニベルシタス) 馬場靖雄，赤堀三郎，菅原謙，高橋徹訳，法政大学出版局 2009)
Maantay, Juliana and Andrew Maroko (2009) Mapping Urban Risk: Flood Hazards, Race, & Environmental Justice in New York, *Applied Geography* 29 (1): 111–24.
Mannheim, Karl ([1928] 1952) The Problem of Generations, in Karl Mannheim, *Essays on the Sociology of Knowledge*, ed. Paul Kecskemeti. London: Routledge & Kegan Paul, pp. 276–322. (『社会理論と社会構造』森東吾ほか訳，みすず書房 1961)
Mao, Zhifei (2014a) Cosmopolitanism and the Media Construction of Risk, unpublished working paper, Hong Kong.
Mao, Zhifei (2014b) Cosmopolitanism and Global Risk: News Framing of the Asian Financial Crisis and the European Debt Crisis, *International Journal of Communication* 8: 1029–48.
Merton, Robert K. (1968) *Social Theory and Social Structures*. New York: Free Press.
Mills, C. Wright (1959) *The Sociological Imagination*. New York: Oxford University Press. (『社会学的想像力』(ちくま学芸文庫) 伊奈正人ほか訳，筑摩書房 2017)
Moore, Henrietta L. and Sabine Selchow (2012) *Global Civil Society and the Inter-*

net 2012: Time to Update our Perspective, in Mary Kaldor, Henrietta L. Moore and Sabine Selchow (eds.), *Global Civil Society 2012: Ten Years of Critical Reflection*. Basingstoke: Palgrave Macmillan, pp. 28–40.

Mythen, Gabe (2005) From 'Goods' to 'Bads'? Revisiting the Political Economy of Risk, *Sociological Research Online* 10(3). www.socresonline.org.uk/10/3/mythen.html

Mythen, Gabe (2014) *Understanding the Risk Society: Crime, Security and Justice*. Basingstoke: Palgrave Macmillan.

Newell, Peter (2005) Race, Class and the Global Politics of Environmental Inequality, *Global Environmental Politics* 5(3): 70–94.

Nietzsche, Friedrich W. (1920) *The Antichrist*. New York: Knopf.(『キリスト教は邪教です！――現代語訳『アンチクリスト』』(講談社＋α新書)適菜収訳，講談社 2005)

Oliver-Smith, Anthony (1996) Anthropological Research on Hazards and Disasters, *Annual Review of Anthropology* 25: 303–28.

Omer, Itzhak and Udi Or (2005) Distributive Environmental Justice in the City: Differential Access in Two Mixed Israeli Cities, *Tijdschrift voor Economische en Sociale Geografie* 96(4): 433–43.

Pariser, Eli (2011) *The Filter Bubble: How the New Personalized Web is Changing What We Read and How We Think*. New York: Penguin Press.(『フィルターバブル――インターネットが隠していること』井口耕二訳，早川書房 2016)

Parsons, Talcott (1951) *The Social System*. Glencoe, IL: Free Press.(『社会体系論』(現代社会学大系第14巻)佐藤勉訳，青木書店 1974)

Pascal, Blaise ([1670] 1958) *Pascal's Pensées*. New York: E. P. Dutton. www.gutenberg.org/ebooks/18269?msg=welcome_stranger#SECTION_III(『パンセ　上，中，下』(岩波文庫)塩川徹也訳，岩波書店 2015)

Pearce, Jamie, Simon Kingham and Peyman Zawar-Reza (2006) Every Breath You Take? Environmental Justice and Air Pollution in Christchurch, New Zealand, *Environment and Planning A* 38(5): 919–38.

Pellow, David, Tamara Steger and Rebecca McLain (2005) *Proceedings from the Transatlantic Initiative to Promote Environmental Justice Workshop*. Central European University, Budapest, Hungary, 27–30 October. http://archive.ceu.hu/publications/pellow/20015/42818

Petryna, Adriana (2003) *Life Exposed: Biological Citizens after Chernobyl*. Prince-

ton, NJ: Princeton University Press.(『曝された生――チェルノブイリ後の生物学的市民』粥川準二監修，森本麻衣子，若松文貴訳，人文書院 2016)
Phillips, Brenda D., Deborah S. K. Thomas, Alice Fothergill and Lynn Blinn-Pike (eds.)(2010) *Social Vulnerability to Disasters*. Boca Raton, FL: CRC Press.
Piketty, Thomas(2014) *Capital in the Twenty-First Century*. Cambridge, MA: Belknap Press of Harvard University Press.(『21 世紀の資本』山形浩生，守岡桜，森本正史訳，みすず書房 2014)
Pinder, Wilhelm(1926) *Das Problem der Generation in der Kunstgeschichte Europas*. Berlin: Frankfurter Verlags-Anstalt.(『ヨーロッパ美術史に於ける時代の問題』神保光太郎訳，第三書院 1932)
Russill, Chris and Zoe Nyssa(2009) The Tipping Point Trend in Climate Change Communication, *Global Environmental Change* 19(3): 336-44.
Sassen, Saskia(2009) Cities Are at the Center of our Environmental Future, *Sapiens* 2(3): 1-8. http://sapiens.revues.org/948
Sassen, Saskia(2014) Recovering the City Level in the Global Environmental Struggle, in Stewart Lockie, David A. Sonnenfeld and Dana R. Fisher(eds), *Routledge International Handbook of Social and Environmental Change*. London: Routledge, pp. 170-8.
Selchow, Sabine(2014) Security Policy and (Global) Risk(s), in Mary Kaldor and Iavor Rangelov(eds.), *The Handbook of Global Security Policy*. Chichester: Wiley-Blackwell, pp. 68-84.
Sheller, Mimi and John Urry(2000) The City and the Car, *International Journal of Urban and Regional Research* 24(4): 737-57.
Slater, Don(2013) *New Media, Development and Globalization: Making Connections in the Global South*. Cambridge: Polity.
Steger, Tamara(ed.)(2007) *Making the Case for Environmental Justice in Central & Eastern Europe*. Budapest: CEU Center for Environmental Policy and Law (CEPL), Health and Environment Alliance(HEAL), and Coalition for Environmental Justice. www.env-health.org/IMG/pdf/28-_Making_the_case_for_environmental_justice_in_Europe.pdf
Steiner, Benjamin(2015) *Nebenfolgen in der Geschichte: Eine historische Soziologie reflexiver Modernisierung*. Berlin: De Gruyter.
Stewart, Quincy Thomas and Rashawn Ray(2007) Hurricane Katrina and the Race Flood, *Race, Gender and Class* 14(1/2): 38-59.

Swyngedouw, Erik (2010) Apocalypse Forever? Post-Political Populism and the Spectre of Climate Change, *Theory, Culture & Society* 27 (2/3): 213–32.

Szerszynski, Bronislaw (2010) Reading and Writing the Weather: Climate Technics and the Moment of Responsibility, *Theory, Culture & Society* 27 (2/3): 9–30.

Thorsen, Line Marie (2014) Art and Climate Change: Cosmopolitization of Aesthetics /Aesthetics of Cosmopolitization, unpublished manuscript, Copenhagen.

Tollefson, Jeff (2012) Hurricane Sweeps US into Climate Adaptation Debate, *Nature* 491: 167–8.

Ueland, Jeff and Barney Warf (2006) Radicalized Topographies: Altitude and Race in Southern Cities, *Geographical Review* 96 (1): 50–78.

UNDP (United Nations Development Programme) and Committee on the Problems of the Consequences of the Catastrophe at the Chernobyl NPP (2004) *Report: An Information Needs Assessment of the Chernobyl-Affected Population in the Republic of Belarus*. Minsk: Unipack. http://un.by/pdf/CHE_OON_ENG.pdf

Vara, Ana María (2015) A South American Approach to Metamorphosis as a Horizon of Equality: Focusing on Controversies over Lithium, *Current Sociology* 63 (1): 100–4.

Volkmer, Ingrid (2014) *The Global Public Sphere: Public Communication in the Age of Reflective Independence*. Cambridge: Polity.

Waldman, Ellen (2006) Cultural Priorities Revealed: The Development and Regulation of Assisted Reproduction in the United States and Israel, *Health Matrix: Journal of Law-Medicine* 16: 65–106.

Walker, Gordon (2009a) Beyond Distributional Proximity: Exploring the Multiple Spatialities of Environmental Justice, *Antipode* 41 (4): 614–63.

Walker, Gordon (2009b) Globalizing Environmental Justice: The Geography and Politics of Frame Contextualization and Evolution, *Global Social Policy* 9 (3): 355–82.

Walker, Gordon and Kate Burningham (2011) Flood Risk, Vulnerability and Environmental Justice: Evidence and Evaluation of Inequality in a UK Context, *Critical Social Policy* 31 (2): 216–40.

Walker, Gordon, Kate Burningham, Jane Fielding, Graham Smith, Diana Thrush

and Helen Fay (2006) *Addressing Environmental Inequalities: Flood Risk.* Bristol: Environment Agency.

Walker, Gordon, John Fairburn, Graham Smith and Gordon Mitchell (2003) *Environmental Quality and Social Deprivation, Phase II: National Analysis of Flood Hazard, IPC Industries and Air Quality.* Bristol: Environment Agency.

Weber, Max (1922) *Gesammelte Aufsätze zur Wissenschaftslehre* (*Collected Essays on Epistemology*). Tübingen: Mohr.(『理解社会学のカテゴリー』(岩波文庫)林道義訳，岩波書店 1968)

Wehling, Peter (2006) *Im Schatten des Wissens? Perspektiven der Soziologie des Nichtwissens.* Konstanz: UVK.

Werrity, Alan, Donald Houston, Tom Ball, Amy Tavendale and Andrew Black (2007) *Exploring the Social Impacts of Flood Risk and Flooding in Scotland.* Edinburgh: Scottish Executive Social Research.

Wilby, R. L. (2007) A Review of Climate Change Impacts on the Built Environment, *Built Environment* 33 (1): 31-45.

Wimmer, Andreas and Nina Glick Schiller (2002) Methodological Nationalism and Beyond: Nation-State Building, Migration and the Social Sciences, *Global Networks* 2 (4): 301-34.

Wimmer, Andreas and Nina Glick Schiller (2003) Methodological Nationalism, the Social Sciences, and the Study of Migration: An Essay in Historical Epistemology, *International Migration Review* 37 (3): 576-610.

Xie, Lianhui (1991) Li Xue's Discussion on the Academic Conference of Climate Change and the Environmental Problem, *People's Daily*, 16 January, p. 3.

Xinhua News Agency (1962) Annual Conference of Chinese Meteorologists, *People's Daily*, 13 August, p. 2.

Xinhua News Agency (1980) Does the Slowing Speed of Earth's Rotation Correlate with Climate Change?, *People's Daily*, 22 March, p. 6.

Xinhua News Agency (1994) United Nations Framework Convention on Climate Change Has Ended: The Developed Countries Must Take More Responsibility, *People's Daily*, 20 February, p. 7.

Yates, Joshua J. (2009) Mapping the Good World: The New Cosmopolitans and our Changing World Picture, *Hedgehog Review* 11 (3): 7-27.

Zhang, Jiacheng and Mingdao Zhu (1973) A Discussion of the Climate Change in Recent Years, *People's Daily*, 21 July, p. 3.

Zhao, Cheng, Fan Tian and Dong Wei (2009) Premier Wen Jiabao attended the 2009 United Nations Climate Change Conference, *People's Daily*, 25 December, p. 1.

Zheng, Sizhong (1979) Two Different Points of View in Regard to Global Climate Change, *People's Daily*, 21 August, p. 6.

Zou, Ji (2007) The Average Emissions of Greenhouse Gas in China are Much Lower than Those in the Developed Countries, *People's Daily*, 29 March, p. 16.